会社を変え、組織を活かす

「自立型社員」はこうつくる!

船井総合研究所
取締役専務執行役員
高嶋 栄
Sakae Takashima

同文舘出版

はじめに

私は経営コンサルタントとして、30年近く企業の経営支援に携わってきました。年商1億円の店から東証一部上場の大企業まで、おそらくその数は1000社を超えると思います。私は当初、小さな会社は経営しやすいが、会社が大きくなると人が増えて組織やシステムが複雑になるから経営は難しくなる、と考えていました。当時、私が親しくお付き合いしていた〝めざせ！　年商3億円〟組の経営者は、口を揃えて「人を増やして、会社を大きくするとたいへんになる」と話していました。いつの間にか私も、当然のようにそう考えるようになっていたのです。

しかし、それは必ずしも正しくありませんでした。一見複雑に見える人材育成や組織は、その会社の規模や社員数に関係なく、実は本来とてもシンプルなものなのです。弁護士や医者のように特別なスキルや資格を必要とする職業は別として、一般的な職業において仕事ができる能力の差とは、スタンスや情熱、あるいは人間性の差です。スキルや経験の差は、大きな仕事の差にはなりません。

あったとしても、すぐにカバーできる程度の差でしかありません。人は、自分のやりたいことには積極的に参加します。ときには、寝る時間を惜しんでやっても苦にならないし、至福の喜びさえ感じます。これは、仕事でも同じです。

〝やりたいことができる会社〟には、三つの意味が潜んでいます。

① 〝トップのやりたいこと〟を追求する会社

② 〝スタッフ一人ひとりのやりたいこと〟を後押しする会社

③ 〝これから入社する人の夢〟を実現する会社

とくに中小企業は、〝トップのやりたいこと〟が〝社長の本気〟として、明確に社員に伝わらないと、会社は元気になりません。まずは、〝社長の本気とは何か？〟をハッキリさせることが先決です。そのうえで、次に〝スタッフのやりたいこと〟を後押しする会社づくりを進めます。この会社で、仕事を通して何がやりたいのかを常に問い続けます。

そして、〝トップのやりたいこと〟と〝私のやりたいこと〟の一体化の可能性を考えさせます。真剣に考えていくと、おそらくやりたいことがあるといっていた人の70％程度は、「自分と社長のやりたいことは、一緒に進めていける」と感じてくるはずです。

しかし現実には、自分のやりたいことを明確にできる社員は、全体の20％程度というのが一般的です。この20％の人のやりたいことの実現とその社員の自立化に、会社として重点的に取り組んでいいと考えています。なぜならば、「(人材)革命は一握りの情熱《パッション》から始まる」と考えているからです。また、会社組織は全体の20％のリーダーで十分に機能するからです。残りの80%の人は、現実にリーダーにはなれないのです。名前だけのリーダーを数多くつくっても、百害あって一利なしです。過去の業績のご褒美だけでリーダーになってしまうと問題です。リーダーにはこれから先、何に対して新たなチャレンジをするのかが問われるからです。

「革命は一夜にしてならず」——そこに至る、最低限の準備が必要です。すなわち、「この会社なら、俺のやりたいことができるかも?」と思ってきてくれる、〝素頭〟のよい人材の採用を計画的に推し進めていける会社にする必要があります。

会社において、社員の自立化には成果とその評価が必要です。必死にやったが成果なし、したがって何の評価もされないのでは、むしろ逆効果になりかねません。働かない社員をどうするかではなく、自立社員を確実に育て、活かす中で、小さな革命の引き金を引くことのできる存在に育てていきたいものです。

本書で紹介した事例やコツは、みなさんの職場で簡単に実行できます。その結果として会社が活性化し社員が元気になれば、著者としてこれに優る喜びはありません。

二〇〇七年五月

高嶋　栄

2章 社員の自立化は誰がどう進めるか

3章 自立化戦略は、まず「採用」にあり

4章 自立化の主役「元気社員」のやる気アップ

7章 平等主義では「スーパーサポーター」は育たない

装　丁　村上顕一
DTP　モッカン都市

序章

今、なぜ「自立社員革命」か

◉経営者のリーダーシップ・スタイルが変わってきた

私たち経営コンサルタントの仕事の一つに、経営者の方々に対して経営上のアドバイスや必要なサポートをすることがあります。

月に100人ほどの経営者とお会いし、そのうちの約3割、30人ほどとじっくりお話しするということを25年近くやってきました。世の中にはさまざまな職業・役職がありますが、経営者業というのは一般のビジネスマンとは根本的に異なる〝人種〟です。われわれの仕事は、そういう経営者と深く関わらざるをえないのです。

経営者のほとんどは、リーダーシップの取り方に強い関心を持っています。「自分の経営スタイルはどうか」「どういうリーダーシップを取るべきか」といった相談をよく受けます。

実は、そのリーダーシップの取り方というものが、とくにここ数年、急速に変わってきた感があります。これまでは我流で経営者の好みのスタイルでやってこられたことが、一般社会で通用しなくなってきているのです。

一言でいえば、経営者自らが先頭に立ってすべてを引っ張るリーダーシップではなく、社員を自立させ、その〝自立社員〟をサポートする形のリーダーシップを今、多くの経営者が志向し始めています。そのスタイルのほうが自分は納得できる、あるいは、これからの時代に合っているという話が、最近お会いする多くの経営者から同じように語られています。

先ごろ、カー用品販売のトップ企業である㈱オートバックスセブンの住野公一社長（CEO）から、こんな話を聞く機会がありました。

㈱オートバックスセブンは、公一社長の父親、住野利男氏（故人）が1947（昭和22）年に大阪市福島区で自動車部品の卸売りを始めたのがスタートですが、今やカー用品業界ではダントツナンバーワン企業で、現・住野社長は二代目です。

住野社長は、創業者の父親の時代は「一言でいえば、オートバックスは機関車経営だった」と称されました。創業者という馬力のある機関車が前を引っ張って、その後ろに社員を乗せている列車が連結されているという形です。

企業の創業期にはいろいろなことがあって、急な上り坂や下り坂、エンジントラブルなどを何度となく起こしながらも、機関車の創業オーナーが1人でみんなを引っ張ってきたわけです。後ろの列車に乗っている社員は会社が成長するにつれて人数も増え、連結車両も増えていきましたが、みんな社長の顔を見ていたし、社長からは「あれをやれ」「これをやれ」という明確な指示が出されていました。社員たちには、上から指示が出るのを待って、それに応えていくスタイルが定着していたのです。そのやり方で、創業期から成長期を乗り切ってきたという話でした。

ところが公一氏が社長になって、二代目として会社を引き継いでみて気づいたことは、親父さんのような能力は自分にはないということと、時代が変わってきているという点でした。

◉機関車型からオーケストラ型へ

結論として、父親の時代の「機関車型経営」は自分にはできないということです。

では、どういう経営をするのかというと、住野社長は「オーケストラ経営」という表現を使いました。

住野社長は趣味が多彩で、とくにチェロに関しては、先生に弟子入りして永年教わってきたそうですが、たいへん教訓になるアドバイスを受けたとのことです。

チェロのお師匠さんから、

「よくオーケストラの奏者というのは、1人で楽器を奏でる独奏者になれない人がやっているのだとか、50人なら50人の人間が寄って楽器を奏でて一人前なんだというようなことを言う人がいるが、それは大きな間違い。オーケストラというのは、一人ひとりが特徴のある楽器を持ち、それぞれが観客を魅了する演奏力を持ったうえで、指揮者がバランスよく魅力的な演奏に導いてこそ本当のオーケストラになる。だから、観客を魅了する力のない人がいくら集まっても、いくら指揮者が優秀でも、いいオーケストラにはなりません」

会社も同じで、一人ひとりの社員が一人前に自立して稼げる社員でなければ、いくら100人、200人寄り集まろうが、いい会社にはなりません。

その話がヒントになって、住野社長は自分がめざす経営を「オーケストラ経営」と名づけました。つまり、自分は父親のスタイルとは違って、社員の能力を最大限に引き出す経営をめざすことにした、というわけです。

住野社長にかぎらず、こう考える経営者がとても増えています。時代的な背景もありますが、私の周りには、むしろそのような考えの経営者が一般的になりつつあります。

普通、創業者というのはだいたいが機関車型で、二代目以降は住野社長のようなオーケストラ型を志向する傾向があります。

創業期は会社も小さく、従業員もわずかです。したがって、全部自分でやらなければなりません。また、優秀な社員もなかなか採れませんから、指示も細かく出さないと仕事がまわらないことも日常的によくあります。最近、若くして起業し、目下順調に会社を拡大している人も、同じことを言います。

「やっぱり優秀な人間（の知恵）を集めなきゃだめだ」

「パーソナリティがあって、個性豊かな社員を育てなければだめだ」

「自分は社長として彼らを活かしていかないといけない」

といったことを、創業者である若い経営者たちが言い始めているのです。

◉有能な人材ほどトップダウン型を嫌う

マクロの経営環境が、大量生産・大量消費の時代から多品種少量の時代に変わったことと、追いつけ・追い越せというキャッチアップ時代が終わったことが、リーダーシップの取り方の変化の背景に間違いなくあります。

大量生産・大量消費のキャッチアップ時代はやるべきことが明確で、機関車型で定められたレールの上をみんなで全速力で走っていく経営スタイルが適していました。しかし、少子高齢化の時代になって経済が成熟し、価値観が多様化してくると、機関車の馬力だけでは行き詰まってしまって、とても乗り切ることはできません。みんなの知恵を集め、現場の社員の個性や発想を活かせるかどうかがとても重要になってきました。

今、経営者の第六感が、それを敏感に感じ取っているのだと思います。

一方、社員の側も、求めるリーダー像が変わってきています。

たとえば経営者の側は、いい会社にするためにいい人材を集めたいと考えますが、逆に社員の側は、自分の幸せを得るためにいい会社を選別しようとします。そして有能な人材ほど、いい会社の基準として、自分の力を存分に発揮できる環境を強く求めます。とくに昨今では、機関車型のトップのもとでは仕事をしたくないという意思表示がハッキリと出てきています。

自分のやりたいことを伸び伸びとできる会社かどうか、新たなチャレンジを思いきりやらせてくれる会社かどうか、自分が成長できる会社かどうか、が企業選択の重要な判断基準になってきているのです。

大手企業といえども、トップダウンのイメージが強く、自分のやりたいことが主張できないような会社は、優秀な人材からは敬遠されがちです。自己目標が高く成功をめざす人ほど、そうした傾向が顕著なようです。

つまり今の時代、自立した社員の知恵と発想がこれまで以上に必要とされ、有能な社員ほどそれを発揮できる場を希望し、そしてトップも、それを感じ取りつつあります。

◉自立社員が会社のコア社員になるとき

今日のように市場が成熟してくると、一本調子で成長し続けた時代と違い、経営者が業務の方向性に対する答えを明確に持ちあわせていないケースも増えてきます。

具体的な指示が、経営者からも現場のリーダーからも出てこない一方で、成果だけは厳しく問われる時代です。

では、どうするかとなると、取りあえずは現場で最善をつくすしかありません。一律的な指示は出てこないわけですから、指示待ち型の人間ではどうにもなりません。自立型の人材を、できるだけ多く集めて切り抜けるしか、仕事を回す方法はないのです。

経営者が具体的な方向や指示を出せない分、自立型人材が求められているフシも本音のところではあるようです。今は、そういう人たちを動かしていくリーダーシップのあり方が模索されている時期でもあるのです。

もう一つのポイントとして、多くのマーケットで市場が成熟してくると、お客様とより深い関係、緊密な接点をつくらなければいけないという現場のニーズが出てきます。そこで重要になってくるのが「個の力」です。

それぞれの市場で、個々にわがままな顧客の要求に即応するには人の力に頼らざるをえない、という部分が急速に増えてきます。商品をお客様に届けるだけでは満足してくれない時代です。

お客様が商品の裏に隠れている付加価値や会社の持っている企業理念や考え方、そこから生じるブランド力など、企業の持つ付加価値を次々と求めるようになってきているからです。

それらを商品に付加して伝えていこうと思ったら、ただ一方的に画一化した商品やサービスを投げているだけでは、お客様の満足を得られるわけはありません。お客様のニーズ、その時々の気持に合わせた商品・サービスを届けようとすればするほど、「現場の個人」のウエイトが高まってくるのは必然です。

その〝人〟とは、自立社員です。まずは自分自身が自立して、そのうえでお客様のサポートができるような人材です。

そういう自立社員を企業のコア社員にする、まさに「自立社員革命」が今、求められています。

1章

“自立した社員”とはどんな社員か

1 求められる「能力」が変わってきた

◉トップダウンなしで動ける人

では、自立した社員とはどのような社員でしょうか。

自立した社員のイメージは人によってさまざまですが、それをまとめると、「自主」「自発」「自活」「自律」の四つに集約できます。

まず「自主」とは、自分がやるべき仕事、やりたい仕事を自分で見つけ、仕事を自ら主体的につくれる人です。次に「自発」とは、上からの指示待ちではなく、顧客視点で現場で柔軟に判断して行動できる人。サービス精神旺盛な人といい換えてもいいでしょう。

三つ目の「自活」は一言でいうと、自分の年収の三倍を稼げる人。よく細かく説明すると、「自分の年収×1・3倍×3」の粗利益を稼げる人。四つ目の「自律」は、自らの仕事に向き合うスタンスを持っていて、自分を律しながら常に自己革新ができる人です。

要するに自立した社員とは、トップダウンの指示なしで、自らの考えで有効に動ける人のことをいいます。

このような資質を持った社員を育て、それを経営者としてフォローしていく経営スタイルを、今多くの経営者が志向し始めているということです。

企業は、経営者の思いが変わって、初めて変わります。そして今、明らかにトップの意識が変化し、会社がはっきりと変わってきているのです。

一方、社員の立場でも、「仕事のできる人」の定義に変化が出てきています。

誰でも、仕事のできる人、活躍できる人になりたいと考えますが、その「仕事のできるタイプ」の一般的イメージが昨今、かなり変わってきています。

◉専門知識のある人＝「できる人」ではなくなった

ちょっと前までは、専門知識のある人＝「プロ」という見方をされてきました。その世界で経験を積んでキャリアがあり、専門的な実務知識がある人が、仕事ができるタイプという捉え方が一般的でした。ところが最近は、どうも様子が変わってきました。キャリアもあり、専門的知識が豊富な人が、必ずしも活躍する時代ではなくなってきたのです。

なぜそうなったのかと考えてみると、やはり一番大きな要因は、IT化を含めた情報革命です。ビジネスの世界が変化し、知識社会の本質が急速に変わってきています。

専門知識のある人とは、専門の知識をビジネスを通して届ける人です。しかし、今や専門的知識は、本気になって探そうと思えば比較的簡単に取り出せる時代になりました。まさに、専門的知識は「検索」する時代です。わざわざ高い金を払わなくても、手間暇かけていろいろな人にお願いしなくても簡単に手に入る時代です。しかも、そのコストは限りなく安く、無料になりつつあります。

たとえば、財務会計の専門知識を持っていたとしても、それに置き換えられる会計ソフトなどがどんどん開発されて便利なものが出てくると、知識や情報はさほど必要なくなってきます。「私は経験豊富で財務に知識と経験を持っています」と言ったところで、「パソコンは使っていません」と言ってしまえば、「ああ、それでは結構です」となってしまいます。

それだけ、ITが情報の価値を低下させたということであり、その情報を運び届ける人の価値が急速に落ちてきたということです。

もう一つ、専門情報の鮮度が極端に短くなって、新たな情報にどんどん入れ替わる時代になってきました。

たとえば、会社法が大幅に改正されました。今までの知識は使いものにならなくなっています。会社法に限らず、内部統制、財務会計、税務、特許・工業所有権、不動産取引……等々、要するに、専門情報の鮮度が短くなって、「蓄積するもの」から「消費するもの」に変わってきています。

情報化の時代とは、専門知識や情報が価値を持つ時代ではなく、むしろその価値を失う時代だということがはっきりしてきました。いい換えれば、これからの時代、いい会社に入って活躍したいと思ったら、その武器はあまり使いものにならないということです。

◉インプット型人材からアウトプット型人材の時代に

もはや、大学などで学んだ知識や専門資格が、仕事ができるための有効な武器ではないとすると、では何がこれからの人材の決め手になるのでしょうか。

それは、一言でいえば「仕事で結果を出す知恵」です。

それを分解すると次のようになります。

①仕事をするコツ
②直感力と即答力
③相手の気持ちと、場の空気を読み取るサービスマインド
④仕事を情熱的にやり切るビジネス・スピリッツ
⑤個性・パーソナリティー

これらが結びついて、仕事で結果を出す知恵が生まれます。

いくら知識や情報を頭の中にインプットしていても、仕事の中でその場で結果を出すよう即座にアウトプットできなければ通用しません。

仕事のコツとか本質を見抜く直感力というものは知識を必要としますが、知識そのものではありません。たとえば、われわれコンサルタントの仕事でいえば、自分の専門領域というものがあって、私の場合、家具小売業界に20年近く関わっていますが、長く経験して知識や情報をたくさん持っているだけでは役に立ちません。絶対的に結果を出す知恵やコツを出せるかどうか、で決まります。

たとえば、業績が低迷している家具店に依頼されて業績を一緒になって上げようとするとします。この場合でも、問題点をたくさん指摘して、それを片っ端から改善し

ようとしても業績は上がりません。「いろいろやらなくて結構です。まず、この3点にだけ集中して、とにかく徹底的に改革すれば十分業績は上がります」とアドバイスを絞り込んで提案します。

ある程度の仕事のコツをルール化でき、直感力を持つ人なら、お店の前に立ったほんの数分でその店の売上げの多寡がわかります。同時に、最高どの程度まで売上げアップが可能かも瞬時に感じ取ります。これが直感力です。売上げが瞬時に見えるということは、売上げを決める重要なポイントの整理ができているということでもあります。

ですから、実はそのポイントだけを見ているのです。他の要素は見ていません。見る必要がないのです。仕事の中には、「まさにここがミソ」というポイントがあります。それが仕事のコツになります。

今、業種・業界を問わずあらゆるビジネスの現場で、こうした個人の能力がチームの業績アップに関して、あるいは懸案の問題解決に対して、日常的に求められています。

知識詰め込みのインプット型人間は、ビジネスの世界では活躍できない時代になってきています。代わって、瞬時に本質を見抜いて有効な結論を導き出せる、高いアウトプット能力を持った人たちが、高いパフォーマンスで次々に結果を出し始めています。

インプット型が事前の知識詰め込み型とすると、アウトプット型は事後の自立・活性型ということになります。これからの企業経営の成否は、この臨機応変のアウトプット能力を持った、自立した元気社員をどれだけ育てられるかにかかっている、といってても過言ではないでしょう。

2 「2・6・2」の上位2割が自立化のカギ

◉まずは〝やる気人材〟の活性化から

会社の成長は人の成長だ、ということには誰も異論のないところです。

人の成長を後回しにして会社だけ大きくしても、必ずある程度の規模になったときに人的な問題がもとで成長が止まることは多くの人が経験しています。やはり、会社と社員の成長が軌を一になるよう、つまりは人の成長を通して会社を成長させていくのが、リーダーの仕事といっていいでしょう。

ところで、「2・6・2の法則」というものをご存知でしょうか。

この考えによると、会社のような集団では、個性やその能力が異なる10人の組織をつくると、時間の経過の中でその10人は、能力と役割が「2・6・2」の3つのグループに必ず分かれるといいます。

すなわち、集団を積極的にリードするモチベーションの非常に高い2割、どっちつかずでまわりに影響されやすい様子見の6割、そしてモチベーションが常に低く、集団の中でぶら下がり状態の2割。

集団である以上、10人はこの三つの役割に分かれるといいます。本当かどうか、私は自分なりに検証を試みました。その結果、この法則を信じることにしています。

さて、人の成長と会社の成長を効果的に進めるには、この「2・6・2の法則」の上位2割の優秀な人間をまずターゲットにして「自立化革命」を行なうべし、というのが私の考えです。

実は「2・6・2」の下位にいる、いわゆる〝ぶら下がり状態の人材〟の活性化に努力しても、会社の業績は短期間ではほとんど改善しません。一見、社員の底上げを図ることは有効のように思われがちですが、私の経験ではほとんどが徒労に終わってしまいました。

会社そのものを前向きに引っ張っていける人材が、活力を持って活躍し始めるという状態をまずつくらなければなりません。そうしないと、会社の業績そのものに結果が表われてこないのです。

まず、やる気のある人材の自立化支援を通じて会社の業績を一定レベルに上げ、そのうえで、新人や問題を抱えている〝ぶら下がり人材〟の活性化に取り組むべきです。また、ぶら下がり人材に対する教育も、会社の視点というよりは、むしろ本人自身のための教育として取り組むのが正解で、その人間の人生を会社としてどうしてあげられるかという視点で見ることが肝要でしょう。

誤解を恐れずにいえば、〝ぶら下がり状態の人材〟の活性化にムダな時間と労力を費やすよりも、上位の2割をいかに自立化させ、それを会社の経営にどう参画させるかを考えるのが先決です。中間の6割も、上位の2割がリーダー化し、会社の中でどんどん力を発揮し、貢献することによって、中間層から脱け出し、引き上げられていきます。

◉壁を抱える会社ほど、ムダな活性化努力をしている

今、経営の壁にぶち当たっている会社が、世の中にたくさんあります。

私の感覚では、経営者の中で全体の約3割ほどが成長志向型の経営者で、高い成長を期待し、目標として掲げています。残りの7割の経営者は、どちらかというと倒産しない経営をめざしており、こちらが数の上では圧倒的に多いのが現状です。

倒産しない経営というのは、会社を大きくすることを第一の命題にせず、たとえば地域の中で、お客様に対し自分たちの商品やサービスをよりよく提供していくといったことに主眼を置いており、経営の規模よりも最終目標としてグレートカンパニーをめざす会社です。

これはこれで素晴らしいことです。その一方で、倒産しない経営をめざす会社には経営の壁にぶつかっている会社が非常に多くなっています。

「経営の壁」とは、具体的には「年商の壁」という形で表に現われます。年商の壁は、1億、3億、10億、30億、100億というように、1・3・1・3……の数字サイクルで生まれます。いつもその節目で年商が頭打ち状態になり、なかなか次のステップに移れない会社がたくさんあるのです。

そのような会社をつぶさに見ていくと、一つの特徴があります。

経営者の視点が未来ではなく、現在から過去に向かって、自社の経営と社員（人材）のどこに問題があり、どのような課題が発生しているか、という点に必要以上に意識を向けているという点です。

その「足らざる部分」のせいで、きっとうちの会社は壁にぶち当たっていると信じているわけです。

会社全体が「欠点を探せ」「誤りを正せ」というパターンで考えるスタイルをとっていて、それにメスを入れることによって、初めて会社は成長できるという基本発想でやってきた会社です。

ところが現実には、課題を改善しようと努力しても、あるいは問題人材を取り除いたとしても、肝心の年商の壁をクリアできない現実が続きます。当然ですが、問題がなくなっても業績は上がりません。また反対に、課題をたくさん抱えている会社でも成長していけるのです。

上手に成長している会社は、逆の考え方をしています。

課題は多少あってもいいから、自分のめざすもの、実現しようとするものをはっきり持って、自分たちの欠点とは上手に付き合いながら、つまり、いろいろな問題を抱えた人とも向き合いながら将来に向かって進もうとしている会社です。

将来に向かってのチャレンジを重視するというやり方です。そのような考え方の会社は経営のギアチェンジに成功し、壁をクリアしているというケースが多いのです。

たしかに、人材面で成長を阻んでいる一因は「2・6・2の法則」の下の〝ぶら下がり状態の社員〟かもしれませんが、それにメスを入れようとしていくら努力しても、経営上はほとんど効果があがらず、単純なコスト改善に終始してしまいます。

むしろ、2割の元気層をよりいっそう活性化・自立化させることです。そこから、将来に向かってのパワーをつくり出すやり方こそ有効だと考えてほしいのです。

2章

社員の自立化は誰がどう進めるか

1　「サポーター型リーダー」が自立化を推進する

◉短所改善・管理型と長所伸展・サポート型

リーダーシップには、「短所改善・管理型」と「長所伸展・サポート型」の二つのパターンがあります。今、社員の自立化を推し進める役割を担えるリーダーは、「長所伸展・サポート型」のリーダーです。

「短所改善型」とは、部下のマイナス部分を矯正して、抱えている課題を直すことを育成の最大のテーマにするタイプで、これは管理型リーダーに多いタイプです。

現在から過去に向けて「今まで何が問題だったか見つけよう」ということで、それを見つけて取り除いてやれば、課題が減った分、その部下はきっとよくなるという考え方をします。つまり、前述の壁に当たっている堅実型の企業に多い経営スタイルと同じで、未来よりも現在・過去の課題に目を向けるタイプです。

もう一つの「長所伸展型」とは、部下は長所を伸ばすことでめざましくよくなるはず、と考えるリーダーシップのスタイルです。長所伸展型は「サポート型リーダー」の大きな特徴です。

「サポート型リーダー」は、人に欠点や失敗はつきものだと考え、むしろ上手に自分や部下の欠点と付き合っていこうと考えます。したがって、「将来、どうなりたいのか」、「めざすモデルはどこにあるのか」ということを部下と一緒になって探り、そのモデルに一歩一歩近づくために、リーダーとして今、何をアドバイスすべきかを自分のテーマとします。

つまり、部下の「やりたいこと」をサポートする点に主眼を置く指導スタイルで、これが社員自立化を進めるうえで大きな役割をはたします。

そもそも、「管理」というのは相当に幅広い概念で、私は「管理」の中心となるテーマは「人の管理」ではないと考えます。どんな人でも自分の行動を管理されたら自立できません。

本当に管理すべきは、「お金の管理」、「リスクの管理」、そして「社内ルールの管理」、「企業理念の管理」の四つのマネジメントテーマなのです。

人は感情の生き物ですから、ときとして強くもなり、弱くもなります。とくに「お金」はみんな大好きですから、その誘惑に負けそうになります。だからこそ、間違いが起きないよう、日頃から社員をお金の誘惑から守る管理が必要になります。

また、仕事には「リスク」がつきものですが、それでも予期しない大きなトラブルは、部下をつぶしてしまうこともあります。こうしたリスクから社員を守る管理こそが大事で、間違ってもトラブルに見舞われた部下を管理しすぎないことです。

部下の中には個人プレーが大好きな人もいます。しかし、仕事はチームでやるものですから、チームのメンバーや、仕事を通してお客様とうまくコミュニケーションをとるためにも、会社として「やってはならないこと」を全員がしっかり習慣づけたり、会社の方針の「同根」の部分を守らせることが組織として重要です

すなわち、守るべきは社員と会社であり、そのために一つの守るべき（準拠すべき）規範やルールのもとで、「やるべきこと」と「やってはならないこと」をリードするのが「管理」であり、リードする側が主体となるものです。

それに対して「サポート」は、部下を主体にして考えるものですから、マネジメント能力より、むしろマーケティング能力が問われます。

◉リーダーはまず、「スーパーサポーター」をめざせ

さて、新任リーダーは最初から管理者、すなわちマネージャーをめざすべきではない、というのが私の考えです。

管理は、自分自身が管理能力を持って、初めてやるべきものです。能力が備わっていない段階では、サポーターを十分に経験すべきです。最初はサポーターをめざし、それができるようになったら、次に二つの道が出てきます。「スーパーサポーター」になるか、管理の分野に入る「マネージャー」になるかです。

このマネージャーの道には、さらに「スーパーマネージャー」があります。マネージャーとは一般の企業では部長クラスのことで、執権管理＝攻めの管理を行ないますが、スーパーマネージャーとは取締役クラスのことで、経営管理＝守りの管理（会社を守る）を行ないます。

最初からマネージャーをめざすな、まずはサポートが大事、ということですが、わが国では多くの場合、どうしてもリーダーになると管理者にならなければならないと考える傾向にあります。「マネージャー＝管理をする人」と考えるのが日本的風土のようで、リーダーとして部下に対して何か「指示」を出さなければならない、といった気持ちになる人が多いようです。

最初は、サポーターからスーパーサポーターへ

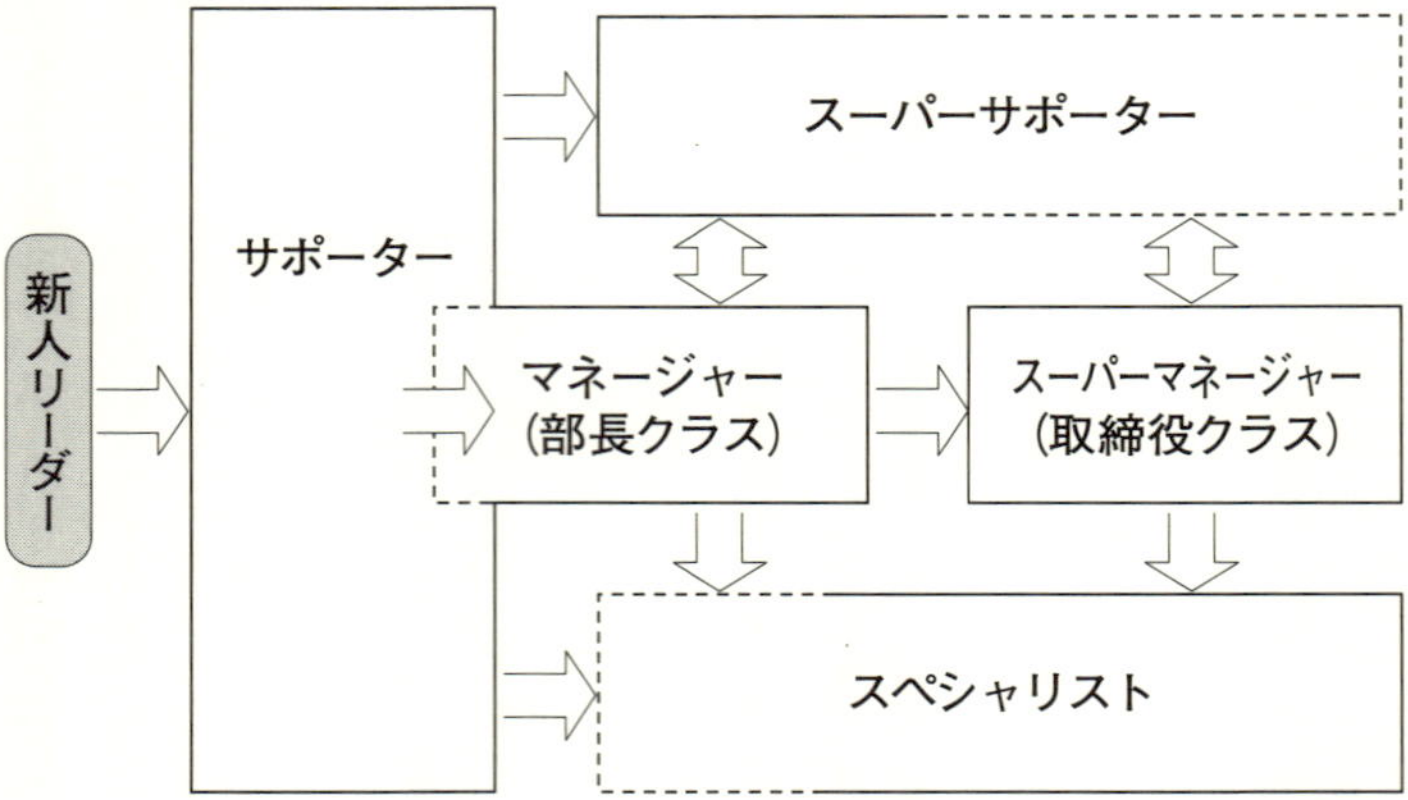

この管理好きなリーダーというのはたいへん危険な存在です。そもそも「管理」というのは、難しく高度なものです。リーダーになって、まだ管理能力もない段階で、自分が気持ちよくなるために部下に「ああしなさい」「こうしなさい」と指示ばかり出したとしたら、多くの部下は間違った方向に行ってしまうことでしょう。人によってはつぶれてしまうかもしれません。

◉管理能力のない管理型は部下を追い込む

肩書きにマネージャーとついていても、マネジメントできない管理者がたくさんいるのが現実です。プロであるマネジメントの達人は会社と社員を守ります

が、そうでないマネージャーが管理を振りかざす例が多いのは悲しむべきことです。

誰も、他人に管理されたくありません。ですから、自分の管理は自分でやるのが原則です。しかしときに、他人に厳しく自分に甘く、自分に弱い人もいます。自己管理ができない人です。そのような自己管理（コントロール）できない部下に対して、管理能力のない上司が短所改善・管理型のリーダーシップで接すると、間違いなく部下のやる気を萎えさせます。管理は、部下が自立した段階でタイムリーに行なうことが何よりも肝要なのです。

同じことは会社にもいえます。長期低迷中の会社に対して短所の改善ばかり施したとしたら、会社はどんどん悪くなってしまいます（逆に、急成長中の会社には短所改善策が効果的）。

自立した人は自分で自分を管理できますから、「君はここが問題だ」と指摘してやると、それを受け止めて吸収していきます。しかし、自立していない人、自己管理ができない人、つまり自己コントロールできない人は、問題点を細かく指摘すればするほどダメージを受けてやる気が萎えていきます。最悪の場合、会社を辞めていくことになります。

リーダーの中には、この人のチームに部下を配属したら１００パーセント辞めていくという、〝辞めさせる達人〟のような上司がいます。彼が何をやっているかというと、「なぜ、お前がダメなのか」、「どこができていないのか」ということをきわめて論理的かつわかりやすく、しかも情熱を持って語り続けます。10分ですむところでも2時間、3時間と、顔を合わせるたびにやる。それを聞く側は自立していませんから、自己コントロールができないうえに相手の指摘はいちいち正しいものだから、もうたまりません。部下は自分を追い込むしかなく、あとは退職しかありません。

リーダーが頑張れば頑張るほど辞めていく、という悪循環です。言っていることは正しいのですが、やり方が間違っているわけです。相手に応じたやり方ができないことが致命的なところです。

日本の会社組織では、マネジメントができるからマネージャーになるのではなく、現場で実績をあげたからマネージャーになった、という人が多いのです。役員一歩手前の人でも、このようなタイプの人はたくさんいます。

そのようにしてマネージャーになった人ほど、部下を欲しがり、自己流の育成に力を入れて頑張ってしまいます。とくに苦戦している部下に対し、ここができていない、ここが悪いと徹底的にやって、それで部下を追いつめるのです。

そのようなタイプのリーダーは、どこの会社にも少なからずいるもので、また、そのスタイルはなかなか直しにくいものです。仕事はできても部下育成の苦手な人には、リーダーになって間がない人なら部下をつけずに遊軍的なポジションにするといいでしょう。ベテランの場合でも基本的には同じことですが、「全員を部下だと思いなさい」という形で上手に処遇するしかありません。

おもしろいことに、部下を辞めさせるマネージャーほど部下を欲しがります。使命感がそうさせるのでしょうが、そのような場合は本人と話をして「1人や2人部下をつけてどうする。みんな部下と思っていい」というのが一番現実的な対応です。

これからの会社組織は、大きく分けると、あくまで現役プレーヤーとして最高のプロをめざすプロフェッショナルの世界と、社員を育成するサポーターを経験し、最終的には会社を守るマネージャー、スーパーマネージャーになるゼネラリストの道を明確に分ける時代にきています。

しかし、二つの道がグチャグチャになって整備されていないのがわが国の現状で、その結果、日本の会社はマネジメントする人が多すぎる状態になっています。傍から見ていて「あれだけマネジメントされたら、部下や組織はたまったものではない」と思われる会社がたくさんあります。

近年の管理システムの進化はめざましいものがあります。ＩＴの浸透がそれを後押ししています。今は、多くのマネージャーでマネジメントする時代ではなくなりました。

昨今、多くの企業で組織のスリム化とフラット化が叫ばれています。このことは組織の中で機能しなくなった名前だけのマネージャー減らしを加速させます。マネージャーをスリム化し、能力に応じてサポーターとして再教育していくことが必要です。

2 「やりたいことを思いきりやれ」と後押しすれば動き出す

◉現場は「自由に動けない」と思っている

さて、どのような社員でも、自分は活躍したいと考えています。そして夢と希望を持って、自分が会社で大活躍するイメージを抱いて入社してきます。ところが、

「コレはやってはいけない……」

「自分はまだやらせてもらえる立場ではない……」

「自分の今の経験と能力ではまだ早い……」

といった思いを持つのに、そう時間はかかりません。時間の経過とともに仕事をすることに対して慎重になる人がどんどん増えていきます。多かれ少なかれ、どこの会社でも起きている現象です。


先輩や上司からのアドバイスも加わって、「やってはいけないこと」から先にどんどん学んでいく傾向にあります。

そして一度仕事に慎重になると、まだチャレンジしたことがないのに自分で結論を先回りして、仕事に対してさらに慎重になってしまいます。不思議なことに、社員自ら「私はまだやってはいけない人間だ……」と思わせる会社が非常に多いのはとても残念なことです。


一方、経営者は、こう嘆きます。

「うちの社員はトップが指示を出しても、なかなか自発的に動いてくれない」

「どうも指示待ちばかりで、自分から考えようとしない」

いわれている社員にしてみれば、とんでもない誤解です。彼らは動かないのではなく、「動いてはいけない」といつの間にか刷り込まれているのです。その結果、「動きたくても動けない」のです。

「会社の中でやりたいことにチャレンジしてみたい」

などと言ったら、きっと怒られるだろうと彼らは思っています。

「お前は何を思い上がってるんだ。10年早い」

「まだ入って間がないんだから、今のお前ではまだムリだ」

と言われることを予感して、そんな惨めな思いはしたくないと先取りしているのです。そのうえ会社によっては、もしチャレンジして失敗でもしたら、この会社では生きていけないとさえ思う人もいるはずです。このような状態では、自発性や自立性がどんどん奥に引っ込んでしまうのは当然です。

リーダーが、口では社員の自発性を求めながら従順なイエスマンばかりを求めているといったケースは論外ですが、本当に自発性・自立性を求めていながら社員が動かないという会社では、社員たちが勝手に「会社の中ではまだ動いてはいけない」と誤解していると考えて間違いありません。

そう思ってしまう原因は、過去の事例、事件やそれを伝える先輩たちの口コミ効果などでしょうが、とかく話は針小棒大に伝わるものです。いずれにしても、世の多くのリーダーが「うちの会社は何でもやれる会社のはずだ」と思っている一方で、ほとんどの現場では「社員は自由に動けない」と思っているのがむしろ一般的です。

◉1日3回「やりたいことを思いきりやれ」と叫ぶ

社員の気持ちはもともと前向きなものです。その社員が勝手に自己規制しているなら、「思いきりやっていいよ」と、後押しをするリーダーがいればいいわけです。チャレンジしたい気持ちを潜在的に持っているわけですから、リーダーが「やっていいよ」というお墨付きを与えると、彼らは勇気づけられ、安心してチャレンジを始めます。

リーダーが1日3回、念仏のように、

「みんな、自分のやりたいことを思いきりやろう」

と言うだけで、社員は主体的に動き始めます。口に出して言ってやらないと、社員は動けない、動いてはいけないと、勝手に思っているからです。その前提に立って、はっきりと背中を押してあげることがリーダーとして一番大事な仕事です。

人間は、自分のやりたいことには時間を忘れて熱中できます。趣味はその典型で、嫌いなことやストレスのかかることを懸命にやれば精神的に病んで身体を壊してしまいますが、自分の好きなことや望むことだと、疲れを知りません。至福の感覚を覚える人さえいます。

もし、そのような気持ちの人間が集まってチームを組み、共通のテーマをメンバー間で共有できたら、きっと最高のチームができ、至福の一体感が生まれることでしょう。

つまり、リーダーは自発的にやらせることを考えるべきだということです。そして部下に自発的にやらせようとするには、その人のやりたいことに目を向けることが必要です。

相手の短所に目を向けて欠点を直そうとすると、リーダーの気持ち自体が小さくなって、「やりたいことを思いきりやれ」とは言えなくなります。どんどん動けない状態になってしまうわけです。

リーダーの一番のテーマは、まず部下たちに、

「会社の中で自分のやりたいことは？」

と問い続けることであり、もう一つは、問い続けるだけでなく、それを強力に後押しすることなのです。

◉先輩リーダーからもらった財産的アドバイス

会社をスピンアウトして自分で起業する人がいます。大成功を収める人も多く、私の周りにもたくさんいます。

そのような人がスピンアウトした理由は、突きつめると、以前勤めていた会社で思うことができなくて「自分の会社を興して、自分のやりたいことを思いっきりやろう」と一念発起した結果でもあります。

歴史を紐とくと、会社というのは、やりたいことをやろうという人がまずいて、その人の夢に賛同する人が集まってできたものです。したがって、社員全員が起業することはできないものの、その精神をリーダーが持って、その実現に向けて部下を後押ししてあげることが大切です。

私は27年前、㈱マーケティングセンター（現在の船井総合研究所）に入社しました。その訳は実は入社当時の私は、直属の上司から「ボロ雑巾」と呼ばれていました。

〝使い減りしないやつ〟ということのようでした。

確かに、くる日もくる日も徹夜徹夜の連続で、私自身、やってもやっても誰も自分を正しく見てくれないという思いを持ち始めて、身も心もボロボロになりかけていました。そんなとき、当時役員をしていた泉田豊彦氏（現・泉田事務所社長）から、私の財産となる次の三つのアドバイスをもらいました。
・依頼された仕事は絶対に断るな（断ったら仕事は必ずこなくなる）
・楽しくなければ仕事じゃない（仕事の楽しみを自分で見つけろ）
・モアベター、もっとよくなれ（今のレベルに満足するな）
泉田さんというリーダーは、私だけでなく若い連中を見かけると口癖のように、いつも次のような話をしました。

「やりたいことが見つかったら中途半端はダメ。行動あるのみ。とにかく思いきりやれ」

「やりたい気持ちがあるうちは途中でやめたらいかん。やめたときが失敗のときだ」

「やめるまでは成功の途中だ。いい結果の兆しが見えるまで諦めるな」

自分の気持ちを大切にして、途中でめげずに自分に強くなれ、ということを繰り返し教えてくれました。

「どうせ自分のやりたいテーマをやるなら、日本一をめざしてみろ」

と、仕事に対する〝スタンス〟も授けてくれました。

「とりあえずは今の日本一を具体的に調べ、そしてまず、とにかくマネをしろ。次に、その日本一の人と会うことを当面の目標にしろ。その目標の人に会うことができたら、きっとその人はただの人だと思えるはずだから。最後は、いつまでに、どうやってその人を追い越すか、自分で目標を立て、その目標を日記ではなく年記に書きとめろ」

これが、仕事のスタンスへのアドバイスです。私自身、この言葉によってどれだけ救われたかしれません。

嫌な仕事だからと避けていたら、仕事はどんどん逃げていきます。やりたい仕事もやりたくない仕事も、両方逃げていきます。

要するに、自立するためには、嫌いな仕事も腹一杯やって、そのうえで、自分のやりたいことを、精一杯やることです。

今、自分ができないから嫌いになった仕事もたくさんあります。できるようになると嫌いな仕事も好きになったりします。そのことを私は、背中を押されながら教わったような気がします。

そしてリーダーの後押しによって、みんなが自分のやりたいことを自覚し、それに思いきりチャレンジしようとし始めたとき、自発性・自立性が発揮され始めるのです。

3 「さん付け社風」が肩書きの壁をなくす

◉フレキシブルな組織では肩書きがどんどん変わる

成長の著しい会社というのは、名刺の肩書きが短期間に変わります。

たとえば、急成長企業のリーダーと久しぶりに会って名刺交換をすると、必ず肩書きやポジションが変わっています。伸びている会社では、会社の成長が社員の成長を求め、さらなる自立を否応なく後押ししています。短期間のうちに役職が流動的に変わって、新たな立場がさらなるチャレンジを後押しします。すなわち、「立場」が人を育て始めています。

一方、倒産しない経営に終始している会社の人は、10年ぶりに会っても同じポジションで、昔と同じ名刺を持っています。これは、どうしようもない現実です。

このような会社では、「部長さん」は10年前から部長さんで、これからも部長さんですから、肩書きで呼んでもピッタリきます。ところが、肩書きやポジションがどんどん変わる成長の著しい会社では、肩書きでは呼びづらくなります。

もしかすると、平社員の人が課長と呼んでいた上司が、3年後には自分の部下になっているかもしれないし、さらには、今の部下が3年後には自分の上司になっているかもしれませんから、組織がフレキシブルな会社ほど、自然と人を肩書きでは呼べなくなります。

ではどうするかというと、全員が「さん付け」で呼び始めます。

活力のある会社ほど、上も下も同じように「さん付け」で呼ぶ傾向があります。社長に対しても、田中さんとか、佐藤さんとか、年配者も若い者もパートの人も、みんな「さん付け」で呼んでいます。

これを「さん付け社風」といっていますが、いい換えれば「さん付け社風」が定着している会社ほど、社員の自立化が進んでいるといっていいでしょう。

「さん付け」にすると風通しがよくなるのか、急成長する会社は必然的に「さん付け」になるのかは別にして、少なくとも「さん付け社風」が組織のフレキシビリティーにマッチし、社員の自立化に役立つことは確かです。

昨今は、会社にもっと活力を出そう、もっと社員が自立する会社にしようということで、「うちの会社も、すべて〝さん付け〟にする」という会社も出てきています。実際、1人や2人だけが〝さん付け〟で呼んでもダメですが、全員が「さん」で呼び合うようになると、会社の雰囲気は変わり始めます。

これは形から入っているわけですが、比較的簡単に、どんな会社でもできることです。定着に多少時間はかかりますが、ボディブローのようにじわじわ効いてきて、ゆっくりと効果が出始めて会社を変えていくのです。

◉「さん付け」が、肩書きの権威服従感をなくす

人間は肩書きで呼んだ瞬間に、ある種の権威のバリアーが張られます。「社長」と呼んだ瞬間、「部長」と呼んだ瞬間に、何かしら自分の本音が伝えにくい空気のようなものが醸し出されるのです。

「さん付け」が会社全体に定着すると、会社内の階層の固い壁を取り除く効果が少なからずあります。偉い上司に対しても、ものが述べやすい雰囲気になります。「○○さん」と呼ぶことで、社長に対しても比較的、自分の意見が言いやすい感じになるから不思議です。

その結果、社員をみなパートナーと考える風土が徐々につくられていき、そうした社風は優秀な若手を惹きつける魅力にもなります。

実は私自身も、「さん付け」を実践している1人です。入社してすぐ「さん付け社風」を知って、以来27年、そのやり方でやっています。私の知り合いの社長も同じようにやり始めていて、仲間内では一種の流行りのようになってきています。

ただ、実際やってみて思うのは、人間の意識というのは怖いもので、どうしても「さん付け」で呼べない人がいるものです。私の場合、努力しましたが、1人だけ「さん付け」で呼べなかった人がいます。わが社の創始者であり、私の仕事の師でもある船井幸雄氏です。船井氏だけは社内でさん付けで呼んだ人は現在まで1人もいないし、今後もいないでしょう。

もともと、話がツーカーでできる状態を期待して「さん付け社風」を取り入れるわけですが、私の場合、なぜか船井氏の前に行くと、絶対服従モードに入ってしまい、かつては社長、会長になると会長、と肩書きで呼んでしまいます。

ただ、それを逆に考えると、もし全員を肩書きで呼んで、社内のすべてにこうした権威的な印象を持ってしまうと、とても仕事がしづらいだろうと痛感します。伸び伸びした自発性や自立性が育つ社風にはほど遠いことがよくわかります。

もっとも、「さん付け社風」もＴＰＯに応じて、外部のお客様がこられたときなどは、社長、部長といった肩書きをつけて呼んだほうがいいケースもあります。私自身も、そのあたりはケースバイケースで使い分けています。

◉社風や会社の体質は現場のリーダーがつくるもの

「さん付け社風」を定着させるには、社長などトップが自ら提唱するのも一法ですが、実はこれは社長の仕事ではないと私は思っています。

会社は99％トップで決まるといわれています。しかし、「会社の体質」は現場のリーダーが決めるものです。

確かに、すべての最終決定は社長が行ない、外部からこの会社はどんな会社かと見るときには、まずトップである社長を見ますから、社長が会社の顔をつくります。また社長の危機感やビジョン、そしてやる気は瞬く間に社員に伝播するし、社長の本気の「決定」が会社を引っ張るパワーの源でもあります。

しかし、会社の体質は、社長１人がつくるものではありません。社長よりも、むしろ現場のリーダー層がつくるといったほうがよいでしょう。

会社によっては、社長が号令を出しても動かない会社があります。何も社長が間違ったことを言っているわけではなく、すこぶる論理的で誰も否定できないような指示を社長が出しているにもかかわらず、ほとんど誰も動かないのです。とくに中小企業では、社長の「決定」がすばやく実行される組織をつくる必要がありますから、こうした企業は概して業績もよくありません。

このような会社は、役員・部長や現場のリーダーがトップとは別のほうを見ていて、彼らは彼らで別の会社体質をつくり上げています。また社長も現場のリーダーに遠慮していて、結果として本音で語り合えない風土になっています。

この場合、社長と現場リーダーとのコミュニケーションが大きな問題ですが、それだけ会社の体質や社風といった日常的な部分は、現場リーダーの影響力がきわめて強いということです。

体質や社風を具体的にいえば、日々の挨拶から身の回りの整理整頓、報・連・相（報告・連絡・相談）の習慣、即時行動癖などですが、「さん付け社風」もその一つです。このような体質をつくるには、現場のリーダーがその気にならなければ会社の体質改革は絶対にできません。

4 社内コミュニケーションに改革のメス

◉「会議」より「討論」、「討論」より「対話」がコミュニケーション上手

社員の自立化・活性化に、自由闊達な社内コミュニケーションが不可欠なのは、誰にも異論のないところでしょう。

「賢者は愚者から学べるが、愚者は賢者からさえ学べない」という言葉があります。人を導いたりサポートしようとするとき、こちらにサポートしようとする気持ちがあっても、サポートされる側が相談したい気持ちを抱いていなければ、深く伝えることはできないものです。〝伝えること〟が情報ではなく、〝伝わったこと〟が情報なのです。

したがって、お互いに信頼関係がある者同士で相談、あるいはアドバイスをし合う

のが理想ですが、そのようなコミュニケーションの輪、人間関係の輪が社内に張り巡らされている組織かどうかが、社員の自立化にとって重要になります。

会社内の公のコミュニケーションの場としては、どうしても会議は避けて通れません。「会議」の活性化が、社内コミュニケーションをより円滑にする引き金になります。

その会議の場は、さらに分けると「会議」、「討論」、「対話」の三つになります。

「会議」というのは、主催者が少数いて、司会進行役のもとに関係者全員を集めるような1対多数のコミュニケーションの場です。会議のテーマとしては、報告・連絡・お願いや会社の方針、リーダーの考え方の浸透、指示命令の徹底などが主です。どうしても一方通行の伝達で、部下にとっては「聞く」ことにウエイトがかかります。

できれば、口頭でしゃべるだけでなく、文字にしたものやグラフなど図解したものを使い、見て理解させるのが理想です。

「討論」は、一般にはディスカッションのスタイルで意見の収集・集約と調整が主になります。一般的には、ミーティングと呼ぶケースが多く、せいぜいが1対7、リーダーの能力が非常に高い場合でも、その倍の14人ぐらいが限界です。ミーティングは、参加者に口を開かせないと意味がないという点で、会議と違って「話す」ことにウエイトを置きます。どうやって、参加者全員を活発に話させるかがポイントです。「対話」は、基本的に1対1です。相手に一方的にしゃべって教えてあげる場ではなく、相手を知る場、あるいは相談・依頼・サポートの場として使うものです。

対話は、リーダーや上司が「聞くこと」にコミュニケーションのウエイトがかかります。良好なコミュニケーションは、まず相手と相手のやりたいことを知ることから始まりますから、ここでは聞き上手がコミュニケーション上手です。

いろいろな会社を見ていると、社員が自立していく会社は「会議」が非常に少なく、その分「対話」形式のミーティングが多いのが特徴です。効果的なミーティングが上手になされているのです。コミュニケーションを上手に取るには、「会議」より「討論」、「討論」より「対話」重視が原則です。

裏を返すと、リーダーが会議好きで、いいかげんな会議ばかりやっている会社は、間違いなく社員に活力がなく、社員が自立しにくい組織になっています。それはまた、経営トップがあまり現場に行かない、あるいは現場の責任者と対話を重視していないという会社でもあります。

会議が多い会社の社員は、悶々としています。嫌だけど社長が言うから仕方なく出席するということで、身体は会議に参加していても気持ちは参加していないため、ストレスがたまります。

やればやるほど社員の士気が下がるわけですが、社長は一向にやめようとはしません。理由は業績が悪いからで、「みんなに言って聞かせないといかん」ということで、典型的な〝言って聞かす会議〟を繰り返すのです。

普通、「こうしなさい」式の打ち合わせは月に1回もあれば十分で、たびたび会議をやるというところは、自ずと叱咤する場になってしまいます。「何が悪いか」、「なぜ悪いか」、「誰が悪いか」という話に終始するわけですから、やればやるほど雰囲気は悪くなってしまいます。

◉会議を元気にするヒント

会議は、その集まり方を見ただけで参加する社員のモチベーションがわかります。

一度、会議の始まる10分前に先に会議室に入って、集まってくる人の席の取り方、席が埋まっていく流れを観察してみてください。活性化している会社とそうでない会社で、次のように大きく二つのパターンに分かれるはずです。

ワクワクしながら会議に出る人はあまりいません。誰でも会議なんか嫌だという気持ちが潜在的にあります。そのため、会議場中央の席から埋まっていくのが最もオー

活性化していない会議の席の埋まり方

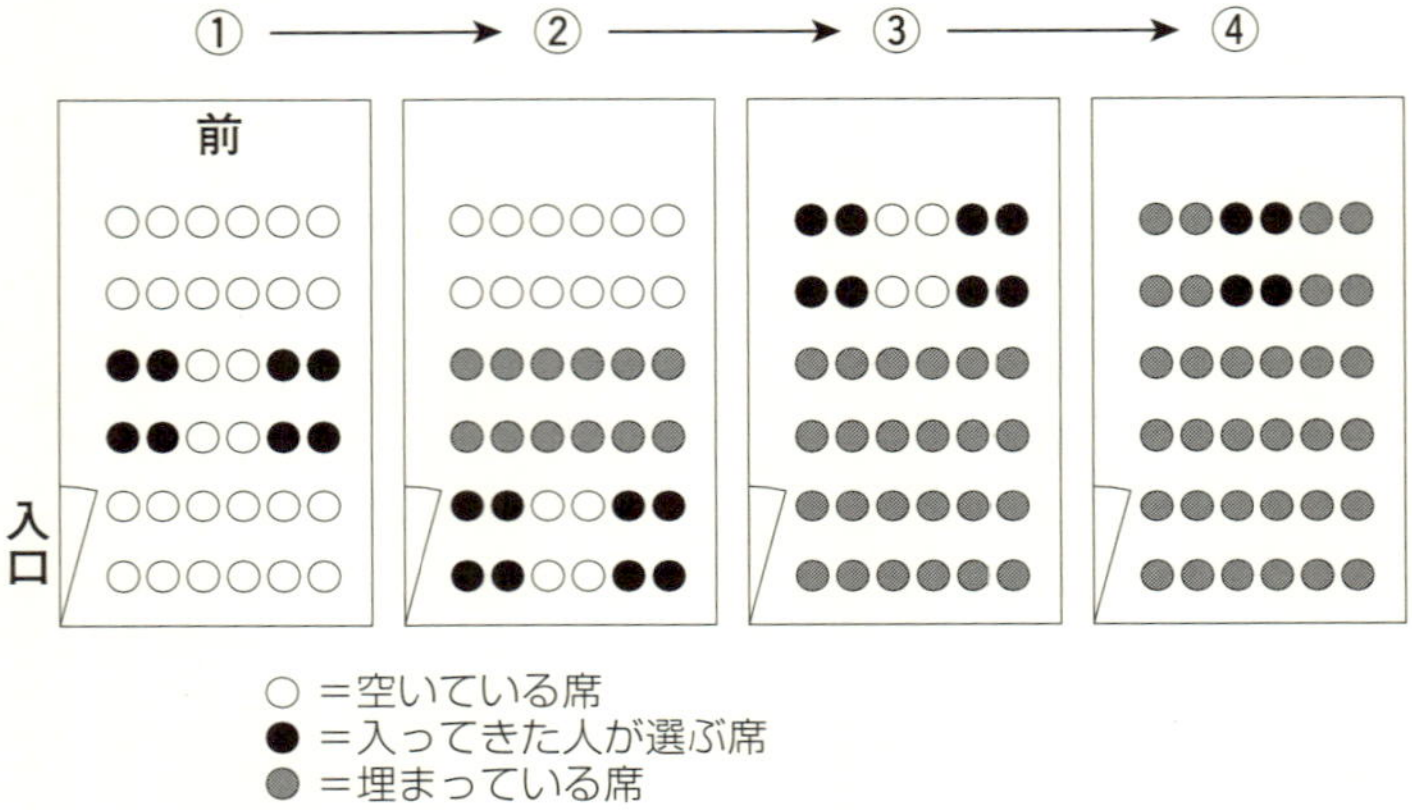

ソドックスなパターンです。早くきて最初から後ろに座る勇気もない、かといって前に行く度胸もない、ということです。

次に、出入口が後方中央にある会場では、後方の左右の端の席から埋まり始め、そこが埋まると前方の左右へ、そして最後にきた人が、仕方なく残っている最前列中央に座る、という流れになります。

ところが、社員の気持ちが活性化している会社の会議では、少し様子が違います。

内容は結構厳しく辛い会議であっても、参加者の意識が高く、すでにモチベーションが上がっている状態だと、席の埋まり方もまったく逆の流れになります。

まず一番最初にきた人が最前列中央の席から座っていきます。あとは順に前から後ろへ整然と座っていきます。その様子を見ただけでも、その会議がどこまで活性化されて、会議を通じて社員の自立心がどう高められるかが、おおよそ予測できます。

これはミーティングのときも同様で、座る場所によって、参加する人間の意識が高いかどうか、その場でさらに高められるかどうかがだいたい決まるということです。

そこで、会議やミーティングの場を活性化させる一つのやり方として、自立支援したいと思う部下を指名して、座る場所を指定してやるのです。

「君は、今日から3回続けてこの席に座りなさい」

と最前列中央の席を指名すると、最初は嫌がりますが、おもしろいことに、続けていくと抵抗が薄れてきます。それまでは単に、

「自分はいつもこのへんにいる人間だから、前に座ってはいけない」

「前に座ると、君は何でそんなに前にいるんだ、と言われるんじゃないか」

と、自分勝手に決めていただけなのです。

また、定期的に実施するミーティングの場合、ほとんど席が固定しています。ここでもミーティングに積極的に参加する席と、単に聞くだけ、参加するだけの席がありますから、固定席をなくしてからスタートすることをおすすめします。こうしたこと

で、「自分の立ち位置というのを変えてもいいんだ」ということに気づくきっかけになります。それが、変わり始める契機になることもあるわけです。

私はよく、経営者向けの講演会やセミナーで講演させていただきますが、こうした講演会場でも、早くきて最前列中央の席に座っている経営者は、ご本人もその会社も元気いっぱいのケースが圧倒的に多いのです。

◉開放的社長室が、トップと社員のコミュニケーションを高める

社長室のつくり方を見ても、その会社のコミュニケーションの考え方が見て取れます。実は社員が元気な会社ほど、社長室はオープンになっています。

広い社長室がデーンとあって、中が見えない壁に仕切られた部屋に社長が居座っているような会社は、まず社内コミュニケーションが不活発と見て間違いありません。

社長の席がオープンかどうか、あるいは部屋で仕切られていても中が見えるガラス張りになっているかどうかは非常に大事なことです。社長は口で話すだけでなく、それ以上にその行動を見せることで、多くの社員とコミュニケーションを取っています。

さらにいえば、社長室の場所を一つのところに固定したほうがいいかどうかという議論にもなります。社長室といえば、ビルの最上階にあるのが一般的ですが、事務所

が多層階のフロアに分かれているような場合には、社長室自体を移動したほうがいいケースもあります。

社長室、あるいはボス席を年1回ぐらいのペースで動かすと、コミュニケーションがずいぶん活性化します。小売店の場合には、不振店舗にボス席をつくると、とくに元気な社員のやる気が間違いなくアップします。

実は、船井総研の社長の席はガラス張りで、周りはオープンです。話の内容によって、オープンにできない場合は別のスペースで話しますが、それ以外は、まったくのオープンです。私自身も、大阪の事務所では5階に席があったのが、途中から6階にというように、意識的に自らの席のフロアチェンジを繰り返しています。ボス席を移動するほうがローコストで、かつ上下のコミュニケーションが活性化するからです。

社員の中には内心迷惑がる者もいるでしょうが、それまでフロアが別でまったく話をしなかったような部下とも、同じフロアになっただけで食事に行ったり、飲みに行ったりするようになります。確実に声をかけやすくなり、対話型コミュニケーションが取りやすくなります。

本人にいくらその気があったとしても、現実問題として構造上のハード面からコミュニケーションを阻んでいる要因もあります。それを取り除き、社員を活性化するためにもオフィス環境の整備にぜひ取り組んでください。

◉電子メールをコミュニケーション・ツールにしない

対話を重視しようということで、「じゃあ」と始める人がいますが、話を聞いてみると、対話といいながら「面談」をしている人が意外に多いことに気づきました。

面談と対話はまったく違います。対話というのは、自らを聞き上手にし、聞いてやることで部下のやりたいことに気づかせ、そのうえでサポートを積極的に約束してやります。ところが面談というのは、部下を呼びつけて、自分の聞きたいことだけを中心にして聞いていきます。相手は、何で呼び出されたんだろう、と対話どころか一歩間違えると不安を感じてしまいます。

面談は受ける相手にとっては、個別にやられる分、会議より少しきつく感じます。この点を勘違いしないようにしてください。

最近のコミュニケーションでのもう一つの問題は、会社の内外を問わずコミュニケーション媒体が変化してきていることです。

コミュニケーション媒体は、直接会う形から電話に、さらに大事なものはファックスで、と変わってきましたが、今は完全に電子メールが主体になってきています。し

かし、その電子メールが逆に、コミュニケーションを阻んでいるケースが急増している
るのです。

電子メールでは、「先に書いた者勝ち」です。ともすれば、発信者がいいたいことだけを伝えて、相手の声は聞きたくないということにもなりがちです。メールとは、そもそものようなものだと考えたほうがよいようです。

一方的に伝える媒体であるメールを、コミュニケーションを高めるツールとして使うと、とんでもないコミュニケーション・トラブルを引き起こすことがあります。

直接会って、顔の表情と声のトーンも加えて相手に言葉を伝えれば、どのような気持ちで言っているかということは自然に理解されますが、メールは文章一本です。よけいなものがない分ピュア（生硬）で言葉だけがストレートに伝わり、それだけきつい表現になってしまいます。

強調された一部分だけを曲解して、送った人がまったく意図しない方向で傷ついたり、あるいは無礼な表現と感じて怒ったり、ということも少なくありません。よかれと思ってやったコミュニケーションが、メールの一言、一つの文章でお互いの溝を深めてしまうトラブルが多発しています。

ＩＴ化が進み、情報は「検索」するものになり、コミュニケーションはすべてメー

ルですませるデジタル思考の人が増えてきています。

「これ、伝えてくれた?」と聞きただしたとき、何の躊躇もなく「はい。メールしておきました」と答える人がいます。「伝えたこと」ではなく、「伝わったこと」が情報ですが、メールの送信ボタンを押しただけで何の不安も感じないということはとても怖いことです。

電子メールは、単純なビジネスツールとして、お互いに投げ合うテーマが明確なことだけに限定することです。簡単な連絡などには多用しても、コミュニケーションを取る手段としては基本的に使用しないという使い分けが肝要です。コミュニケーションは、やはり直接会って、フェイス・ツー・フェイスで話をするのが基本ということです。

3章

自立化戦略は、まず「採用」にあり

1 社長が先頭に立たなければ人材は採れない

◉補充採用の繰り返しはもうやめよう

社員を自立させるための長期戦略は、まず「採用」からです。

人材の戦術的テーマ、当面の共通するテーマは現在の社員をどう活性化させるかにつきますが、これを戦略的に見たら、まず大事な金と時間を投資できるだけの資質を持った人間を採用しておかなければなりません。

会社によっては、努力してやっと社員が自立しても、自立した優秀な人間から順に会社を去っていくという結果になる場合があります。いわゆる逸材流出する会社です。その原因は種々考えられますが、共通しているのは、会社としての戦略のなさ、方針の一貫性の弱さです。とくに、人材に対する経営者のスタンスに問題があります。

逸材流出を繰り返す会社の根本は「採用」にまで遡ります。日本の中小企業のほとんどが採用に問題を抱えていて、結果として社員の自立と、その自立した社員の長期雇用という点に課題を残しています。

中小企業の場合、突然退職者が出たからあわてて採用する、というケースがほとんどです。日頃、「人は大事だ」、「社員を自立させないといかん」と言いながら、その人材の採用についての長期戦略をほとんどの企業が持ち合わせていません。

社員が辞める状況に至って、あわてて補充採用をかけるということは、イコール〝中途半端な採用〟になってしまいます。もともと中途採用は、新卒採用に比べると圧倒的に難しいのです。

中途採用のマーケットの中から自社にきてくれる優秀な人材を探そうとするわけですが、普通に考えると、中途のマーケットに出てくる人のほとんどは、大手でモノにならなかった人がキャリアダウンしてくるか、それとも中小企業でも何らかの理由で勤まらなかった人がスライドしてくるかが圧倒的に多いのです。今いる会社からキャリアアップしたくて中途のマーケットにくる人は大手企業を含めて大激戦の取り合いで、本当に希少価値です。

そんな中で、辞めた社員2人をあわてて補充しようとしてこの中途採用のマーケットにかけた場合、説明会や面接に仮に4人きて、いずれもOKとはいい難い場合でも欠員状態だから仕方がないということで、苦しまぎれにマシなほうから1人ないし2人を採用してしまうケースが多いのです。

本来なら、自社の採用基準に合った人が見つからない場合、採用のバーを下げてまで採るべきではありません。見つかるまで継続的に採用を続けるべきです。結局採用を繰り返したことのコストアップよりも採用の失敗でその後支払い続けるコストの方が圧倒的に高くつくからです。

◉一発狙いの「即戦力」より、まずは「戦力」につながる新卒採用を

採用する人を大きく分けると左図のようになります。「仕事ができる」、「できない」を縦軸に、新卒か中途かを横軸にすると、4つのブロックに分かれます。

確かに、中途採用の「仕事ができる」人は、「即戦力」の可能性があります。しかし先ほど申し上げたように、その確率は非常に低いでしょう。欲しいのはやまやまですが過度の期待は禁物です。結果的に、下段の「即害力」の人間をつかまされるケースが多くなりますから、本当に要注意です。

即害力を伴う人とは、「金グセ」の悪い人、「女グセ」の悪い人、「手抜きグセ」の

採用する人間はどこに当てはまるか？

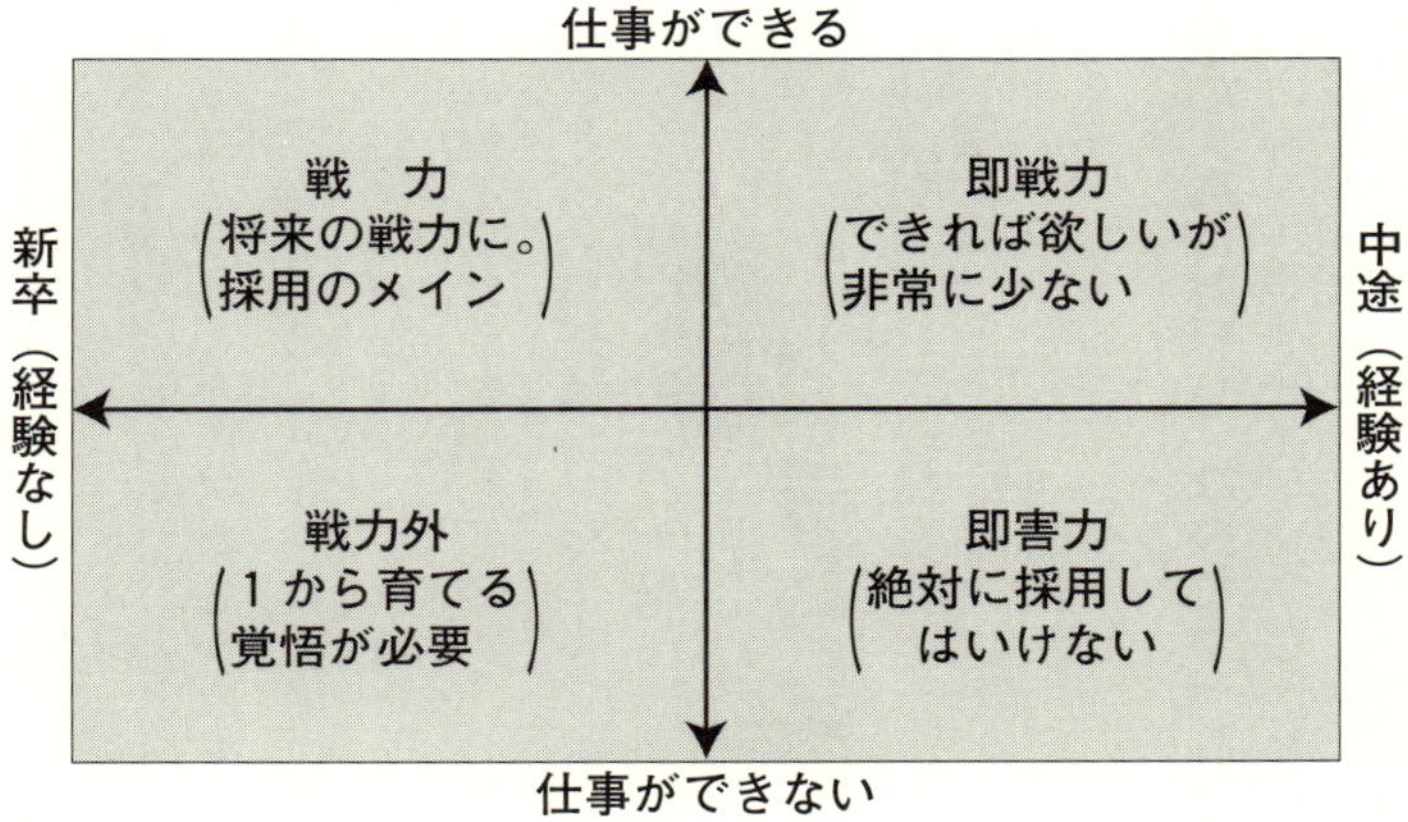

ある人、さらには善悪の判断ができない人をいいます。このような人の中には仕事ができる人も多いだけに、社内やお客様に多大な迷惑をかけてしまうことになりかねません。

その点、新卒採用は仮にハズレであっても、単に「戦力外」ということになります。一から育てる必要はありますが、長い目で見れば優秀な人材に育つ可能性もあります。また、優秀な新卒は即戦力というわけにはいきませんが、経験を積むことで自社の将来の大きな戦力となる可能性があり、人材のコアに育つことが期待できます。

つまり、中途採用のハズレは単に稼げないだけでなく、入ってからいろいろ悪さをする危険があります。もちろん中途採用で優秀な人もたくさんいますが、中途半端な状態で前職を辞めた人間が多いのも事実で、中途半端に身につけた経験やクセを若手に教え込むとしたら、たまったものではありません。

現実に中小企業は、そうした採用に伴う「害」に振り回されながら、それにまた時間と労力を費やすということを繰り返しているわけです。これでは、自立化にはほど遠いといわざるをえません。

ここ数年、人材派遣会社でもコアの人材は新卒組になってきており、それを反映して、ここ数年の新卒者における人材派遣会社に対する人気は急上昇しているという現象もあります。

中小企業においても、やはり採用のバーを明確にし、補充・中途採用中心から定期・新卒採用中心に変えて、目先の妥協採用をしないこと、自立化できる資質を持った人材を入れること、をまず心がけるべきです。

◉大手の人事に対抗し、社長自ら「ビジョン説明会」を

では、具体的にどうするか。大手企業の採用は人事部が中心になって行なわれていますが、中小企業としてはそこが狙い目です。中小企業の採用の主役は社長です。

第一に、中小企業が従来の補充採用からサヨナラして採用を戦略的に展開しようと思ったら、まず経営トップの採用に対する意識をギアチェンジする必要があります。人事の担当者に「採用しておけ」と言うのをやめて、社長自身が乗り出すことです。採用を、社長の専管事項として内外に宣言することから始まります。

大企業などはブランドネームがあり、応募してくる人は会社のことを事前に十分知って面接にやってきますが、中小企業は本人が知らないというだけではありません。実は本人以上に親や家族など、周りはもっと知りませんから、周りの反対を味方に変えるのが大変なのです。

「そんな知らない会社に」と思われている状況で、中小企業が優秀な人間を採ろうと思ったら、社長が先頭に立って、採用を変えていく「本気」こそが大事なのです。大手企業がブランドネームで勝負してくるなら、中小企業はトップの人間力で勝負するのです。社長が全面に出ることによって、弱かった会社のインパクトも倍加し、イメージも明確に伝わります。大企業の人事部vs中小企業トップの勝負です。

では具体的に、社長が採用の先頭に立って何を変えるかです。

大手の人事部が行なう会社説明会と同じようにやっても意味がありません。よく中小企業の社長自ら、うちの会社はこんな会社で、こんな仕事をやっていて、給与はこうこうで、と会社の概要を延々と説明する場合がありますが、これでは絶対に大手に太刀打ちできません。

　経営トップとして、「会社のビジョン」を話すのです。

　たとえば年商10億円の中小企業が、いい人材を採って将来の幹部に育てようと思ったら、今の10億円の会社の現状は口に出すな、ということです。年商１００億円をめざしているのなら、１００億円になるための自社の将来のビジョンについて熱く話すのです。

　会社の未来図を語り、そのために社長の右腕を含め、会社をリードする優秀な人間がいかに必要かということを本音でしゃべることです。

　こうした会社のビジョンや未来図は総務や人事など、社長以外の人間が話しても説得力はありません。トップが直接話すことによって、その熱意と人間力で優秀な人材の目を惹きつけるのです。

　優秀な人材ほど、「この会社は自分を活かせる会社かどうか」という視点でその会社を見ています。中小企業に興味を持つ優秀な学生ほど、理想の会社観を持ち、明確なキャリアビジョンを持っているものです。それだけ、この会社は将来性のあるおもしろい会社か、人を受け入れる会社体質か、そして自分を活かせる会社かどうかを、直接トップから聞きたいと願っているものです。

彼らは、中小企業を会社イコール社長という目で見ており、社長に魅力を感じた場合には、結構、熱い人材が集まってくるものです。逆にいえば、会社の未来を熱く語れない社長では、欲しい人材は採れないということです。

2 「スタンス採用」で狙いどおりの人材を選ぶ

◉「スキル採用」をやめて「スタンス採用」へ

人材には四つのランクがあります。「人財」、「人材」、「人在」、「人罪」です。「人罪」とは、会社にいてもらっては困る人です。論外ですからここでは省きます。

採用のテーマは、「人材」を採って会社の財産である「人財」に育てることです。「人材」も「人財」も仕事をする人です。他方、「人在」は労働をする人をいいます。

事前に決められた仕事を、決められた労働時間と時間当たり賃金でやります。「人在」は、なかなか人材や人財には育ちません。仕事をするマインドが大きく違うからです。自立した社員とは人材、あるいは人財の入口ということになります。

一般の企業では「スキル採用」というのを行なっています。「スキル採用」とは、採用の際、その人がどんな学校、どんな会社で何を経験してきたか、どんな技術や資格を習得しているかという、その人の過去に注目する採用です。これが、普通一般に行なわれている採用といっていいでしょう。

しかしこれでは、将来自立できる社員（人材）は採れません。採れるのは「人在」だけです。

パート・アルバイトなど、しくみとして確定している仕事や、単純に人在でできる仕事については、過去の経験とスキルが大事ですから、スキル採用をやればいいでしょう。しかし、将来のコア人材を採ろうとするには「スタンス採用」でなければなりません。自立できる人材かどうかは、今持っているスキルを見ただけではわからないからです。

通常、スタンス採用の面接で見るポイントは、おおよそ次の三つです。

①何がしたいか、どうなりたいか（スタンス）

②欲好（入社欲・相性）

③能力（対自己能力・対人能力・対課題能力）

まず、その人のスタンスは、「入ってから何がしたいか」、「どうなりたいか」の2点に集約されます。中小企業ではとくにこれが大事で、過去に何をやっていたかなどは、どうせ鍛え直すのですから、あまり関心を持つ必要はありません。

学生時代のアルバイトやサークル活動、あるいは前職での経験を尋ねたところで、過去の経験が今度の会社で生かせる保証はないし、仮に同種の業務があったとしても、下手をすると前の経験や考えが邪魔をすることさえあります。

履歴書にはこうした過去のことばかりが書かれているため、履歴書で見るのは文章力や入社の本気度と考えたほうがいいのです。

2番目の「欲好」は造語ですが、入社欲と好み、相性といったもので、非常に大事な要素です。この会社にどうしても入りたいという入社意欲と、その人が今まで送ってきた生活と会社との相性、とくに社長との相性は中小企業では重要です。その人間が、トップの好みに合うかどうかは大事なポイントになります。

三つ目の「能力」については、大手企業もウエイトをかけて見るポイントです。

「対自己能力」とは、自分自身を管理する能力で、自分で仕事のテーマをつくり、自分で自分を管理していく能力です。仕事のうえでも、「やったほうがいい」と思ったことはすぐに行動でき、「やめたほうがいい」と思ったことをすぐやめられる自己管理能力は大事です。仕事の中では、その人の意志の強さを問われるシーンが頻繁にあります。頭でわかることと実際にやれることは違います。

「対人能力」とは、相手を受け入れ、相手に受け入れられることで、相手の立場に立ってコミュニケーションを取りながら相手を動かしていく、いわゆるコミュニケーション能力です。

そして「対課題能力」とは、会社が抱えている課題や必要なデータを見つけて、その課題を社内の必要な人にプレゼンテーションし、関係する人に改善するよう働きかける能力です。要するに、分析力、企画力、提案力などで、仕事をするうえで最もオーソドックスな能力です。

以上、①～③の三つのポイントのうち、大手企業は主に③の能力優先で採っていきます。しかし中小企業では第一にスタンスを、次に欲好にウエイトをかけ、最後に三つの能力を加えて採用していくべきです。会社や社長と気が合うか、そして自分は将来どうなりたいか。会社とその人が一緒に成長していけるかどうか、が重要なポイントになります。

◉「素の自分」を出せるかどうかを見る

将来、自立できる人間かどうかを見るには、まずは「ここ一番で、思いっきり素の自分を出す能力」があるかどうかを見抜くことです。これは、面接で見るべきポイントの一つです。

最近は、面接に際してみんな答えを用意してやってきます。web上に就職情報を紹介するサイトやブログなどがあり、この会社は過去にどのような質問をしたとか、それに対する回答は何がよかったかなどを調べたうえで、模範解答を用意してくる人が増えています。スーツを着て、別人になって面接にくるわけですから、普段のその人を判断することはできません。

そこで、付け焼き刃で飾らない人間を見せてもらうと同時に、面接のような精神的な負荷がかかる場面でも、いつもの自分を思いきって出せる人間かどうかを見る必要があるわけです。そのために、面接で一つの仕掛けをします。

まず最初に、応募者に面接に入る前に次のように伝えます。

「できるだけいつもの言葉で、いつもの自分を出してください。〝御社〟とは言わなくて結構です。〝私〟とも言わなくていいです。いつも〝僕〟と言っている人は僕でいいですから。いつもの自分を出すことが大事な能力の一つと考えています」

さらに、最終面接の前などにこんな注文を出します。

「次はスーツではこないように。いつも自分が着ている、その中で最も気に入っている服で思いっきりお洒落をしてきてください」

いわゆる私服の勝負服で、そのファッション・ポイントとセンスを見たいと注文をつけるわけです。

そうすると、お洒落な格好でこいと言ったのに、型を壊せない人がいます。せいぜい、スーツの色を変えたりネクタイを外したり、あるいはブレザーを着てくるとか、何となく恐る恐るでフォーマルを崩せない人がかなりいます。

このような人は、物事に思いきって飛び込めない、リスクを怖がるタイプの人です。頭はよくて、いわゆる専門知識は頭に詰め込めるが、ビジネスの実戦ではそれほど期待はできません。

なぜ、お洒落をしてこなかったのかと聞くと、ほとんどの人から「やはり、面接ですから」といった答えが返ってきますが、とくに言葉や態度がガチガチの人は、できれば避けたいタイプです。

面接時の言葉も、できるだけありのままを出すよう要求します。地方からきている人には、あえて方言で答えてくれるよう言います。

これも、学生が慣れない面接言葉を無理にしゃべるのをやめて、いつもの日常的な言葉に戻すだけですから、意識したらできそうなものですが、これが緊張するとできなくなるのです。

逆に、面接官の前で自分をフランクに出せる人は自分に自信がある人間です。全体の2、3割いればいいところです。その場の空気を読むこと、そして思いっきり飛び込める人は自立しやすい人です。

◉学生時代のゼミ、クラブ活動、バイト経験は面接ではいっさい禁句に

スタンス採用面接は、過去のスキルに興味はない、仕事に必要な最低限のスキルは入社してから会社が教える、という考え方に立ちます。

これからの仕事に取り組むスタンスが高いか低いかを、今はメインに見る、ということですから、過去は話させず、未来イコール入社した後のことを話させます。仕事に取り組むスタンスを本音で話せるかどうかを見ます。そこで、こんな要求をします。

「みなさんにお願いがあります。当社の面接ルールですが、みなさんの過去に興味はありませんから、学生時代のゼミ、クラブ活動、バイト経験に関する話は禁句とさせてください」

なぜ、このような要求を投げかけるかというと、学生時代のゼミ、クラブ、バイトでの経験話を面接で聞かれるということで、彼らはその話を準備してくるからです。しかし、学生時代に経験したゼミやクラブ活動、バイト経験が、社会人になって、しかも未経験の会社に入って生かせると思うこと自体が間違いです。

学生時代の自慢話なんか全部捨てろ。いい大学で学んだかどうかも関係ない。しかし入社してからどうなりたいかは恐らく考えていないだろう。社会人としてどうなりたいかは学校でも教えてくれないし、親も教えてくれない。だから、そこを聞きたいのだ——ということです。

彼らは、学生時代の話を用意してきたのに、それを一切話してはダメと言われると、話す内容がなくなるため、みんなとても困った顔をします。

狙いはむしろそこにあって、そのうえでこう説明します。

「私たちは今回、会社の人手を募集しているのではありません。将来、幹部になってくれそうな人にきてほしいと考えています」

そして最後に、こう質問を投げます。

「あなた（たち）は、この会社で3年後（あるいは5年後、10年後）、どのような人間になりたいですか？」

要は、その人のスタンスを聞き出したいのです。その答えが、
「会社に入ったら、出世して責任ある立場で仕事がしたい」
ということであれば、では3年後、5年後、どこまでになりたいか、部長になりたいか、社長になりたいか、具体的なイメージを聞きます。そのとき、モゴモゴと口ごもる人は、そのようなことはそもそも考えていなかった人です。

一般には「いや、まずは一人前になることです」といった差し障りのない答えが多いようですが、スタンスはあまり高いとはいえません。

やはりはっきりと、
「5年経ったら、せめて課長にはなっておかないと、この会社で頑張る意味がありません」
というぐらい、明確に主張できる人間がマインドの高い人です。

この種類の素質は実は単純なようで、入ってから教えられるものではありません。

したがって採用する前に、この素質を基本的資質として持っている人かどうかを見抜くことが大切になるのです。

3 〝素頭〟のよい人材を確実に押さえるコツ

◉入社意欲の高い人材を採るには再受験もOKに

大手と違って中小企業の場合は、入社意欲の高い人を採るべきです。それを見るために、面接では次の4点を聞きます。

①「どうやって当社を知りましたか」
②「あなたは就社希望ですか、それとも就職希望ですか」
③「当社のどんなところに興味を持ちましたか」
④「当社は再チャレンジOKです。何度受けていただいても結構です」

会社の情報については、最近は求人情報を提供したり就職をサポートする企業がたくさんあって、登録をすると知りたい会社の情報が手に入るしくみになっています。

しかし、情報があっても入社の意欲が低かったり、自分が本当に知りたいことが整理できていなければ意味がありません。

会社を知るためにどれだけ努力したかを聞くために、当社を知った情報ルートをまず聞きます。まず、ホームページさえ見ていない人は論外です。学校の就職課の情報や、登録している採用会社の間接的な情報だけに頼る人は本気度の低さが必ず行動に出てきています。

まず、自社のホームページをしっかり見てきたかどうかを確認します。そのうえで、より深く知るために、他にどんな行動を取ったか。たとえば、すでに入社している先輩に会って話を聞くとか、入社の本気度は、話し方よりその人の取った行動で判断します。

「就社希望か就職希望か」も、参考までに聞きます。就社とはその会社で働いてみたいということであり、就職とは、会社というよりもその職業に就きたいということです。実は両方あってよいのですが、恐らく就社より就職意識の強い人のほうが自立させやすいタイプといえます。

また、「会社のどこに興味を持ったか」は、会社を自分の目で真剣に吟味したかどうかを見るためです。ここで、この会社の社長の下で働いてみたいとか、この会社の

Aさんのようになりたいと話す人がいますが、中小企業ではそうした人は自立が早いようです。

そして4点目は、面接の最後などに出すお願いのようなものですが、

「なかなか限られた面接でお互いを深く知り合うことは難しいですね。当社はみなさんが納得されるまで、何度面接にチャレンジしていただいても歓迎します。過去3回、4回目で入社いただいた方もいます」

といった具合に、再面接OKをPRします。

こう話しておくと、実際に再挑戦してくる人がかなり出てくるものです。何度もチャレンジしてくる人は、間違いなく入社意欲の高い人で、ほとんどハズレが少ないようです。

実は、船井総研でもそのような事例が少なからずあり、後にトップコンサルタントになった人の中には、最初の採用試験に落ち再チャレンジで合格した人が何人かいます。中小企業であっても再チャレンジを認める会社は不思議と少ないようですが、入社意欲の高い人が欲しいというのなら、ぜひ試してみる価値はあります。

◉「場の空気を読める力」があるかどうか

人材採用の一番のカギともいえるのが「素頭のよさ」の見極めです。いわゆる学力が高いとか、いい大学を出ているとか、あるいは採用試験で高得点を取ったなどはどうでもいいことです。それよりも、何ごとにも対応できる「素頭のよさ」を見ることが肝心です。

それにはまず、その場を自分なりに観察し、場の空気を読んで対応する力があるかどうかがポイントです。そこで、次のような設問を与えます。

「30秒差し上げますので、どうぞ思いっきり自分を上手にアピールしてください」

自分の言いたいことだけを言ってもダメで、目の前の相手の聞きたいことを読み取る力を計るのが主目的です。最初はもたつきますが、パッと頭を切り換えてしゃべれる人は素頭のいい優秀な人間です。

中途採用の場合は、「あなたのやりたいこと、やれることを教えてください」と質問します。自分のやってきたことと、新しい会社でやれることを整理できているかどうかを見るためです。

前の会社でこんなことをやりましたということを、とりとめもなくダラダラとしゃべるのではダメです。ポイントは、過去に培った経験を活かして入社して何をやりたいか、という点です。それが明快に言えるかどうかです。前の会社と同じことを今度の会社でもやりたいといった人は評価できません。

そして最後に、「他に何か質問はありますか?」と投げかけます。いろいろ出てくる質問の内容がポイントで、質問をした人に、「なぜ、その質問をしましたか?」と逆に聞いて質問の意図を尋ねることで、その人の本音が透けて見えてきます。たとえば、仕事を単に労働として考えている人は、やはり興味がそこへいきます。給料や勤務時間や休みの件などを細かく質問してきます。

なぜそれを聞くのかを尋ねると「エッ?」と意外な顔つきになって、本人としては半ば常識的にそこに意識があることがよくわかります。そのような人は、仕事を楽しんだり、お客様に出会って一緒に喜ぶ感覚にはなれない人が多いようです。

要は、場の空気を読める力があるかどうかですが、ポイントは、相手(面接官)は何が知りたくてこんな質問をしてくるのかを理解したうえで、自分の個性をアピールできるかどうかです。

◉会社との相性を的確に指摘できるか

もう一つ、会社や上司（あるいは育成者）との相性を見ておくことも欠かせません。チーム（集団）面接をしているときに、こんな質問をします。

「私たちは、みなさんと当社との相性が大事だと思っていますが、今一緒にチーム面接をやっているこの中の人で、自分以外の人で最もうちの会社に合っていると感じた人は誰ですか。また、その人のどのあたりから当社と相性がいいと判断しましたか」

この質問は、仮に4人で面接をしていたとして、「あなたが面接官なら、自分以外の3人のうち誰を採るか」ということです。採る根拠を言うと差し障りがあるため、ぼかして会社との相性で聞いているだけです。

意外にこれは鋭い結果が出ます。彼らはずっと控え室から一緒ですから、お互いよく知っていることもあって、表の面接では見えない部分を巧まず語ってくれることが多々あります。

全般的にかなり精度の高い回答が返ってくるもので、たとえば他の全員が「この人」とAさん1人を名指しするような場合、そのAさんはまずハズレがありません。逆にいえば、それを的確に指摘した人もまた優秀ということです。

つまりこのテストは、どんなときにも人の話をちゃんと聞く力があるかどうかを見ることができるわけです。

普通、面接では自分がしゃべることに精一杯で、人の話を聞く余裕がないものです。そのように精神的に負荷がかかった場面でも、周りの人の話をしっかり聞いて善し悪しが判断できる人というのは、素頭のよい人です。

「なぜ、Aさんが相性がいいと感じましたか」と聞かれて、その本人が話していた内容を具体的に指摘して、会社との相性のよさを的確に語れる人は、間違いなく仕事ができる人に育ちます。

◉「これは」という人材は一気に「ラブコール面接」を

さて、素頭のよい優秀な人材候補がいたとしても、その人間を確実に採用できなければ意味がありません。

しかし、中小企業にはハンデがあります。優秀な人物ほど最後は大手に持っていかれる可能性が高くなります。本人がその気になったとしても、周りの人が反対するケースがあります。その代表格は親です。親は、子供のことを考えて安定第一を勧めるケースが多く、自分が知っている大きな会社に就職することを強く勧めます。

それに対抗するには、やはりトップである社長の熱意で将来性をアピールするしかありません。それも、早い段階から手を打たなくてはなりません。

素頭のよい優秀な人材がいるかどうかという目星は、採用試験の早い段階でわかります。普通はそれでも平等にチェック面接などを行なって、順次、ダメな人間をふるい落としていくという手続きを踏むケースが多いようですが、中小企業でそんな悠長なことをしていたら、いい人材を大手に持っていかれるだけです。

早い段階の判断がついた時点で、めぼしい人材は一気に社長の「ラブコール面接」に持っていくことです。

もし優秀な人間が運よく3人いたら、3人を同じグループにして社長がトップ面接をします。そこで話すことは、君たちのことが気に入った、うちの会社で私と一緒にやろう、将来はこうしよう、君たちを3年、5年で絶対に一人前にしてやる——ということを熱っぽく語るわけです。

特別に優秀な人を一緒に面談するのは、面と向かえば彼ら同士お互いに相手のレベルが高いことがわかりますから、「小さい会社でも、彼らのような優秀な人間がくる会社なら……」という気持ちになるからです。しかも、社長がここまで言ってくれるのなら、「ここで頑張ってみよう」と気持ちを固めることができるというものです。

4章

自立化の主役「元気社員」のやる気アップ

1 「やる気」を引っ張り出す仕掛け

◉仕事には「1対1・5対1・5の2乗の法則」が

社員自立化のカギは、チームをリードする「元気社員」の活性化です。引き金を引くリーダーに呼応して、先頭を切って走り出すムードメーカーの活性化が絶対に必要です。それは、「2・6・2の法則」の上位2割の人でもあります。

ここでいう「元気社員」とは、単に声が大きいとか、口数が多いといったお調子者のことではありません。ものの考え方が積極的で、周りをリードできる人、またはその素質のある人です。

みんな、「人より活躍したい」、「周りに認められたい」、「楽しく仕事がしたい」という気持ちを持っています。

まずは活躍したい、業績を出したいと考えますが、ある程度それらが満たされると、次に業績を出すだけでは不十分で、自分のやったことを周りが認めてくれる状況をつくりたい、と考えるようになります。

さらには周りの評価だけでなく、自分自身が「この仕事は充実していて楽しい」と実感できるものでありたいと考えます。つまり、元気社員の気持ちに火をつけるには、この三つを揃えることが必要になります。

仕事は単純に分けると、上から与えられる仕事と、自分から率先してやる仕事とがありますが、与えられる仕事も、本人が「なぜ、この仕事をやらなければならないか」を納得し、その仕事に最初から最後まで参加することによってやる気は格段に高まります。

たとえば、仕事を単純に投げられたときのやる気を数字で「1」とします。このとき、なぜその仕事が大切で、なぜ自分がそれをやらないといけないのかを理解し、本人が「なるほど」と納得してやったときのその人のやる気は、何もないときの1・5倍（5割増）に高まります。

さらに、納得するだけでなく「あなたが中心になって、最後まで責任を持って取り組みなさい」と伝え、その仕事に主体的に参加させると、当初の1・5倍×1・5倍のやる気が発揮されることがわかってきました。これを、「1対1・5対1・5の2乗の法則」といいます。

まずは仕事を与える場合には、この「1対1・5対1・5の2乗」という流れをつくることが必要です。それによって、仮に上から与える仕事でも、楽しく意欲的に仕事をする入口に立たせることができます。

そして、さらにやる気を高めさせるためには、仕事は与えられるものではなく、仕事は取るものだ、ということに気づいてもらう必要があります。人から与えられる仕事ではなく、自分が率先してやりたい仕事に向かっていくことで、その人のやる気は一段とパワーアップします。

◉「やりたいことヒアリング」&「やりたいことミーティング」

ただ問題は、元気社員といっても、会社の中で自分のやりたいことが見つけられていない、あるいは仮にあったとしても、具体的にどう実現していいのかがわかっていないことにあります。

そこでポイントとなるのが、彼らが内に持っている「やる気」を表に出させる工夫です。いわば、刺激をして押し出してやるのです。

もっとも、自分勝手にアレがやりたい、コレがやりたいという話では困りますから、勝手に動いて会社の思いや方針と違う方向に行くことがないよう、リードする必要があります。要は、社員個々のやりたいことと会社がやるべきことを一致させながら進めることです。

「やりたいこと」から、次に「やれること」へ、そして「今、自分がやるべきこと」に落とし込んでいくのです。そのポイントになるのが、「やりたいことヒアリング」と「やりたいことミーティング」です。

まず最初に、「やりたいことヒアリング」をします。リーダーが本人としっかり対話をします。その中で、「今の仕事で何かやり残していることがあるか、もっとやりたいことはあるか」という聞き取りをします。

これは、会議とかミーティングではなく、まずは1対1の対話で引き出します。元気のない社員は聞き取りをしても何も出てきませんが、元気社員は場を与えてやると、やはり何か持っています。

考えが混沌として整理できていない人も多いので、考えを言葉として整理をする機会を与える意味でも、対話の場が必要になります。また、やりたい程度にも当然差があるので、そのやりとりの中から本気度を推し量ることも重要です。さして本気でないものを真に受けることのないようにします。

次に、各自のやりたいことを持ち寄って検討する「やりたいことミーティング」を開きます。まず、ミーティングの準備のために各自のやりたいことを文章にしてリーダーに提出し、それを出席者用に「やりたいことリスト」にします。そのうえで、提案者に自分のプランをみんなの前で発表してもらいます。

ミーティングの中でみんなで議論することで、よりよいプランに集約されていきます。「これは、ぜひやろう」と決まったものは、みんなのコンセンサスを得て進めることができます。最後にみんなでコンセンサスが取れた「やりたいこと」に対して、自分ですぐにやれること、リーダーの判断のもとチームでやれること、社長や担当幹部の判断のもと全社でチャレンジすること、を明確にし会社としてのお墨付きをもらいます。

「やりたいことヒアリング」はチーム内の上司・部下で、「やりたいことミーティング」は、チームを超えて、役員や社長参加のもとで横断的にやるのがよいでしょう。

◉〝仕事の閉じこもり状態〟から引き出す仕掛けを

「ヒアリング」も「ミーティング」も、最大の狙いは個人が内に秘めている「やりたいこと」を表面化させ、会社のOKを出してお墨付きを与えることにあります。間違っても、各自のやりたいことの芽を摘む場にはしないことです。

ところが現実には、芽を摘むことが圧倒的に多いようです。その結果、残念なことですが「会社では、結局やりたいことができない」という気持ちを社員が持ってしまいます。自分はこれをやりたいと思っても、なかなか組織の中では壁が多く、形にすらできないケースが多いのが現実です。その結果、発言すらできなくなってしまうのです。

そこに風穴を開けるために聞き取りをし、考えをまとめさせ、文章に書かせてミーティングに参加させ、各自に「やりたい」と声に出させ、そして最後に会社が「いいよ」と後押ししてやる——というわけです。

「みんなで考えれば怖くない」式に、みんなが自分の頭で考え、取り組んでいるという状況をつくることが大事で、それが気持ちの奥に隠れて固まっている「やりたいこと」を表に出す仕掛けになります。

また、会社としてのお墨付きが、それを後押しすることになるのです。社員みんなが声を出し、社員みんなが「やりたいこと」に向けて行動し始めると、じっとしている人のほうが不自然なムードになります。

大きい会社になると、恐らく「やりたいことミーティング」も組織や評価制度の中で一定の形式が必要になるでしょう。しかし中小企業の場合には、トップとの最低限のコンセンサスさえ取れれば、「これは」と思うものにはタイムリーに〝ゴー〟のお墨付きを与えるということも十分に可能なはずです。

やりたいこととして一人ひとりから出てくる意見も、その7割はリーダーがやらせたいと思っていることときっとダブるはずです。突拍子もない意見というのはそうそう出ないものです。つまり、大半は会社もやらせたい、本人もやりたいということですから好都合なはずです。

当然、年齢やキャリアによって、やりたいことの内容は違ってきます。新人でまだキャリアの浅い人は、いわゆる将来に向かった大胆なテーマが多くなります。実現可能性が高くなかったり、会社として取り組みが難しいテーマも出てきがちです。キャリアを積んだリーダーからすると、「そんなムチャな」という話も出てくるでしょう。普通、それを直属のリーダーが頭ごなしに否定しがちですが、そこをがまんして、最後まで聞いてやるスタンスが肝要です。

一方、ベテランになると、逆にテーマがどんどん小さく現実的なものになっていきます。自分が責任を持ってやれる範囲であったり、人によっては過去に自分がやった仕事の範囲内のテーマなど、かなり現場中心のものが多くなります。キャリアを積むほどに夢がなくなってきて、やりたいことも徐々に色褪せてくるのです。

やりたいことを引っ張り出す対象者は、そうした現実型のベテランよりも新人に近い頭の柔らかい人です。〝仕事の閉じこもり〟から引っ張り出すための後押しをしてやるのが狙いです。できるリーダー（サポーター）ほど、部下が若いうちにやりたいことを聞き取り、それを引き出す仕掛けと後押しをします。

◉「失敗は許す」という企業風土を

何度もいうように、社員の中には「やってはならない」、「自分にはまだ早い」と思っている人がいます。そして「失敗は許されない」、「一度の失敗が命取りになる」と自分に言い聞かせています。

そこで、「失敗は許す」という経営トップの言葉が必要になってきます。「やりたいことをやろう」という日本語は、もう一つ「失敗を許す」という日本語とセットで初めて生きてくるのです。

リーダーとしては、失敗ばかりされてはかなわないと思うでしょうが、そうではありません。正確にいうと、「失敗は許すが、同じ失敗は許さないぞ」ということです。

最もダメなのは何もしないことで、失敗すらしないことです。社会人になったばかりで未体験のときは、誰にでも失敗の一つや二つはあります。失敗を怖がらず、失敗に学べるのが若さのいいところです。

しかし、同じ失敗を二度やったら致命的です。必ず信用を失います。「若いうちに積極的に失敗しろ。とがめないから。でも、同じ失敗をしたら絶対に許さない」というスタンスを伝えることが大事です。

一般に、失敗を許さない社風の会社は、管理者タイプの上司が多いというのがほぼ共通した傾向です。その理由は、経営のトップがそれを望んでいるからです。

そのような会社はリスクマネジメントには強い反面、常にリスクを避けることを優先して、結果的にチャレンジをしない体質になってしまいます。

経営トップがリスクを恐れると、会社としてチャレンジすべきテーマに対しても失敗を恐れて決断できなくなります。時代は動いていますから、結局、会社自体が乗り遅れることになります。現場の一人ひとりも、未経験のことに挑戦して危ない橋を渡るより、今まで経験したことだけやっていれば大過なく過ごせる、と考えるようになって、どんどん沈滞した会社になってしまうのです。

実際のところ、部下の提案で何かにチャレンジし、その失敗がもとで会社が傾いたといった例はほとんどありません。大半は、経営者の独走か放漫、あるいは変わるべきときに変われず、旧態依然のまま時代に取り残されて衰退する、といったケースがほとんどなのです。

2 「ビジネス脳」へ進化させて実戦力アップ

◉「学生脳」から「ビジネス脳」へ

自分のやりたいことを前面に出すことで、その人やチームのやる気がアップします。だからといって、自分のやりたいことだけを必要以上に優先させると、ビジネスはうまくいきません。「相手が、自分にやってほしいと期待していること」を知ることが重要になります。

若いころは誰もが「学生脳」で考えます。学生脳というのは自分中心の脳ですが、社会人になって「ビジネス脳」が発達してくると、お客様や会社の上司・部下など、相手の目線で自分を見るというファクターが入ってきます。単純に、「これをやりたい」という学生脳のノリを、ビジネス脳に上手に進化させる必要があります。

周囲には直属の上司がいて、会社のトップである社長がいて、もしかすると部下もいる。あるいは受け持っているお客様がいる。そういう人たちは、自分に何をやってほしいと思っているのだろう——ということに気づいてほしいわけです。若いうちからやりたいことに挑戦するのがいいのと同じくらい、周りが思っていることを早く本人に気づかせる必要があります。

「気づく」という表現を使うのは、この手の内容は教えて教えられるものではないからです。自分そのものの話であるため、本人に言って聞かせても一番わかりづらいテーマです。それだけに、自ら気づかせる工夫が必要です。

そこで、「やってほしいこと・やってほしくないことリスト」（左図）というものを使います。

このリストは、当人が「社長」、「上司」、「部下」、「お客様」という自分以外の第三者の立場に立ってみて、自分に「ぜひやってほしいこと」と「絶対にやってほしくないこと」を書いてもらうものです。本来は自分1人のことを書けばいいのですが、あ

■「やってほしいこと・やってほしくないことリスト」

	ぜひ やってほしいこと	絶対に やってほしくないこと
社長が自分に対して		
上司が自分に対して		
部下が自分に対して		
お客様が自分に対して		

まりにストレートすぎてかえって本音が出にくいため、とりあえず3人を1グループにして3人まとめた印象で記入するようにすると、ストレートに本音が出てきます。

具体的には、2時間のミーティングを3人1グループ単位で行ない、いわゆるグループディスカッションで白板の表に全員で書き込んでいきます。

誰しも自分を守ろうとするため、自分のことは素直に表現しにくいものですが、「私」を「私たち」にして3人まとめたイメージで話し合うと、比較的素直に「多分、こうなんじゃないかな」と意見が出てきます。

たとえば15人参加したとすると、最後

は3人1組で5グループ分を一つに集約します。そうすると、内容がほとんど重なってしまいます。少なくとも半数以上は重なります。参加者の大半がほぼ同じことを考えているわけです。

これはどういうことかというと、「やってほしいこと」も「やってほしくないこと」も、日ごろ社長や上司、部下たちが言っていること、あるいは自分たちの会社で過去に事実として起こったことが記憶としてあり、それが反映されてきます。つまり、事実にもとづく共通記憶ですから、当然重なってきます。

最終的には、それをもとに各自から、

「では私は、これとこれを今後意識してやっていこうと思う」

と、周りの考えを自分の中に落とし込んだ目標が出てきます。ここで主語を「私たち」ではなく「私」にしてもらいます。

まさに自分自身の気づきから出てきた目標ですから、努力目標としての精度は相当高くなります。人間は、自らハッと気づいたものには強い影響を受けるものです。

この2時間ほどのディスカッションを、半年に1回くらいの頻度でやることで、学生脳をビジネス脳に進化させていきます。会社の一員として経営の中に参加して、その存在感を示すことができるようになってきます。

◉会社の事業プランを募集して抜擢する

ここまでは現場発で自立社員のやる気をさらに引き出そうというものですが、次は会社発の制度で自立を促そうという施策です。

「フューチャープランコンテスト」という、いわば会社の未来をつくるための事業プランを募集するのもその一つです。一言でいえば、会社として社員を自立させるための企画・提案のプログラムをつくり、そこに抜擢するということです。

自分のやりたいことの延長線上のプランになりますが、承認されれば会社として正式にバックアップするというところが違う点です。

これまでの施策は、本人の希望を、基本的には現場のリーダーがバックアップするというものでしたが、こちらは正式に会社の施策の一環として取り組むわけです。したがって審査もあります。

会社全体として取り組むべきと認められたアイデアが審査の結果採用され、実行に移されます。

その場合、発案者が実行者になるケースがどうしても多くなりますが、リーダーは別の者がなって発案者はチームの一員として参加するという形もあります。お金と時間が保証され、たとえば企画が通ると、５００万円の予算が認められて3年程度をメドに専担で取り組む、といった具合に進行していきます。

優秀な若手をこうした制度で引き上げてやるのはたいへん有効で、これに抜擢された若手は明らかに他とは違う育ち方をします。ここに採用されるプランを出せる人間は特別な能力を持っていますから、その能力を伸ばしてあげることに注力します。

この施策のもう一つのポイントは、抜擢された社員が社長直轄になるということです。

認められた「フューチャープラン」は特別プロジェクトですから、それを進める過程では当然、経営トップとの報告・相談が必要になります。

そのため、担当する人が社長など経営トップと直に接触する機会を頻繁に持つことになります。これは予算や時間を与えられる以上に貴重なものです。

とくに中小企業では何ごとも社長中心に動きますから、社長を理解し、また社長が当人を理解していることが大事です。社長との距離の近いほうが、本人の成長スピードは確実に速くなるからです。

3 「やる気の出るミーティング」に改革する

◉ミーティング活性化の五原則

会議・ミーティングについては2章の社内コミュニケーションのところでも少し触れましたが、図のような〝ダメ会議〟の流ればかり繰り返していては自立化どころか肝心のやる気も失せてしまいます。

ミーティングや会議を活性化させるポイントは次の五つです。

①話しやすい「場」を提供する

ミーティングの成否は、それを始める前にある程度は決まっています。まずミーティングの目的をはっきりさせ、会場や席づくりなど、出席しやすく話しやすい場づくりが大切です。

ダメ会議の6段階

①懐議＝ 参加者は全員、「何でこんな会議をするの」と心では思ったまま始まる
↓
②貝議＝ 出席しているだけで、みんな貝のように黙って発言しない
↓
③怪議＝ 目的も狙いもハッキリしないから、出席者全員が“聞き役”に徹する
↓
④階議＝ 結局、組織の階層で最も上位の人の意見が支配する
↓
⑤回議＝ 責任はタライ回しにされる
↓
⑥悔議＝ 参加者は出たことを後悔する

②全員が発言するルールをつくる

出席しても一言もしゃべらず聞いているだけ、という人間ばかりではミーティングを開く意味がありません。必ず全員が話をするというルールを決めて、「一言もしゃべらない人は次は出席しなくてよい」というぐらいの約束ごとをすることも必要です。

③社内の役職や序列を外す

取締役会など、議案の決議を主目的とする場合には役職や序列は必要でしょうが、ミーティングでは会社内の役職や肩書きを可能なかぎり取り除いた自由な雰囲気にしたほうが、活発な意見交換の場をつくります。

④他人の話を否定しない

活発に意見を述べるのはよいが、他人の話をむやみに否定したり批判してはいけません。もし否定・批判をせざるをえない場合は代替案を付け加えること、という事前のルールをつくっておくことも必要です。

⑤ミーティングの前後の〝前始末〟〝後始末〟を大事にする

会議やミーティングが終了すると、たいてい「お疲れさん」で散会するのが普通ですが、むしろ終わってからが肝心です。会議やミーティングが最終目的ではありません。むしろ、本番に向かっての準備のはずですから、会議やミーティングを実のあるものにするには、その後を見守ることが重要です。

たとえば、会議の中で出された宿題を実行しているか、ミーティングで合意したり約束したことが実践されているか、についても目配りし、あくまでその後の行動とセットで考えることが大切なのです。

◉喫煙室と同じ15分間の「立ちミーティング」

昨今は、愛煙家にとって肩身の狭い社会になってきました。社内でもたばこを吸えるのは狭い喫煙室のみという会社も少なくないようです。ただ、その狭い喫煙室が意外にコミュニケーションの活性化に役立っているという事実があります。

愛煙家たちは口を揃えて、「喫煙ルームはコミュニケーションの場」、「頭が活性化する」などと言っています。

一般にこの喫煙室は椅子などもなく、みんな狭いスペースで立ったまま短時間でパッパッと吸っているわけですが、狭い部屋で顔をつき合わせていることもあって、自然と人が集まって意見交換などが行なわれます。

しかも、たばこを吸うリラックスした雰囲気も手伝い、会社の上下関係をあまり気にしなくてよい小さな空間が生まれます。部長から課長、新人社員も女子社員も一緒ということで、いつもは話すことがない者同士も、このスペース内では役職の壁もなくなり、かなりフランクに話せる場になっています。これは、ある意味でコミュニケーションの理想の形です。

この要領を社内のミーティングに応用するのです。つまり、会議形式でない少人数のミーティングをする場合、役職者から序列順に座るようなスタイルはやめ、椅子も取り払って、喫煙ルームのような立ったままのミーティングにするのです。時間は15分程度で、そのつどタイムリーに行なうのがコツです。

定例的なミーティングが活性化されない一つの理由は、環境が固定化することです。本来はどこに座るか自由であっても、椅子があると「私の席はここ」と、自然に座る場所や順序が決まってしまいます。それが、自由な発言や発想を知らず知らずのうちに殺しているのです。

椅子を取り払うことで心がフリーな状態に置かれ、当然、役職の序列や席の上下も基本的になくなります。特定の人の意見が場を支配することもなくなり、ミーティングがグンと活性化します。ムダな話がなくなって必要な話だけに集中し、時間も間違いなく短縮されるはずです。

◉社長とのリラックスしたコミュニケーションの場!!　社長室ラウンジ・ミーティング

社内でのミーティングを社長室などでラウンジ風にやるのも効果的です。頑張っている元気のいい若手などをラウンジ・ミーティングと称して社長室に呼んで行なうと、ミーティングも活性化し、思いきった意見も出ます。

日頃忙しく頑張っている社員は、ハードスケジュールで疲れていることが多いものです。上司を含めて誰もコミュニケーションを取らない状態が続けば、ストレスがたまり、頑張っているのに評価してくれないといった不満も抱きがちです。

そこで、そうした人を中心に7人から最大14人程度を月に1度くらいの頻度で、社長か社長に準ずるような幹部が招集者になり、できれば社長室でアルコールと乾きもので一杯やりながらミーティングをします。時間帯はひと仕事終わった終業時間の前後あたりからでいいでしょう。

普通、役職の高い人がいればなかなか口を開かないものですが、軽くアルコールが入ればかなり雰囲気が変わって打ち解けることができます。ビールやウイスキーに乾きもの程度でも、社長を交えて前向きなディスカッションができたり、あるいは社長自ら日ごろ頑張っている営業や現場の人間の労をねぎらうなど、ホスト側の進め方しだいでとても貴重な場になります。

参加者のほうも、社長に直接話を聞いてもらう機会になり、また目をかけてくれている、評価されている、という安心感を抱く場にもなります。

つまりこうした場は、運用しだいで、社長が日ごろ頑張っている社員の一人ひとりを知る機会になり、また彼らにも人間臭い社長を知ってもらい、お互いに親近感を抱く場にすることができます。

社長の多くは、会社の中では〝社長業〟を演じています。しかし終業後、軽くビールを飲みながらくだけた話をすると、いい意味の地が出て、社員との距離がグーンと近づきます。

これを社長室でやるのがいいところで、ちょっと前向きで、ちょっとくだけて、という頃合いがいいわけです。居酒屋などだと本格的に酒が入り、ハメを外しすぎたりしてかえってまずいケースも出てくるでしょう。2時間ぐらい半インフォーマルな雰囲気で、社長室を使うのがポイントです。

ありきたりのミーティングばかりでちょっと活性化が停滞している、と思っている方は、ぜひ試してみるとよいでしょう。

実は、船井総研ではこれを盛んにやっていて、当社社長の小山も「ラウンジ小山」をやっていますし、私も「ラウンジ高嶋」をもう4年ぐらいやっています。親しい会社の社長にこの話をすると、元気な社長ほど「それはいい」と自分でもやり始めます。

彼らも、日頃からその必要性を感じているわけで、後日連絡がきて、「やったよ。あれおもしろいな。ちょっと続けてみるわ」とおっしゃっています。やはり経営者は社員と本音の話をしたがっているのです。

4 意外な効果を発揮する「席替え」作戦

◉レイアウト変更一つで元気度が増す

成長しない会社の特徴は、何年たっても体制が変わらず、したがって組織が変わらない、ということです。組織が変わらないから、名刺の肩書きも事務所のレイアウトも変わらない、ということになります。

いろいろな会社を訪れて事務所を見たとき、「ああ、この会社は伸びていないな」という匂いがすることがあります。伸びていない会社は外部から見て目立つところはつくろっていても、目には見えない事務所の背景に疲れが見えることがありました。私は最初のころ、それが匂いのモトだと思っていたのですが、実はそれだけではないことに気づきました。

勢いのある会社、つまり社員が自立し活性化している会社というのは、事務所自体がいつも変化しているのに、いろいろな意味で細かい部分にまでよく気が配られ、考えられていることに気がつきました。

逆にそうでない会社は、昔から同じ什器を同じ場所で、同じように使っていて、社員の顔ぶれも配置も変わらず、事務所のレイアウトも十年一日というのが、ほぼ共通しています。ですから机の下を見るとホコリがたまり、アカがこびりついています。

これは偶然ではなく、人が集まって仕事をするには、新しいことを始めるたびにレイアウトの変更が生じるし、活性化を考えただけでも人の組み合わせを変えるという発想が出てきます。

単純に、事務所の女性社員の活性化を考えただけでも、女性は一般に好き嫌いがはっきりしていますから、職場のレイアウトの変更で嫌いな人の近くに移っただけでモラールがダウンしたりします。

とにかく、大がかりに組織変更といった話ではなく、自分の部署、自分のメンバーの中でのベストの組み合わせというものを常に考えることが大事なのです。この点は意外に見過ごされがちですが、席替えやレイアウト変更は短期のモチベーションアップに連結するテーマです。あまり難しく考えなくても、日常的な何でもない席替えを真剣に考えるだけで、みんなが元気になるヒントがあります。

◉不振店の活性化に一役買った社長のデスク

ある地方の有力家具店の例ですが、この家具店は本店を含めて4店舗ありましたが、そのうちの一つの支店がなかなかうまく活性化できないということで相談を受けました。

社長の意見は、具体的リニューアルプランとともに、店長を代えることで活性化を図りたいという意向でした。私はさらに、社長のデスクを店の事務所の奥につくるよう進言しました。

というのは、この会社は多くの中小企業同様、社長中心に動いている会社ですが、本店と支店の距離が離れていることもあって、支店には社長の足が遠のいていました。社長が久しぶりに店を訪れても、店にいるのは30分ぐらい。業績は悪いしおもしろくもないものだから、ちょっとお店を回って、「あそこが悪い、ここがよくない」といって帰ってしまうことが日常化していました。

頑張っている店員も、社長はたまにきても文句を言うだけで自分たちの仕事ぶりなど見ようともしない、と不満がたまっていました。それに業績の悪さが重なって、どんどん雰囲気が悪くなっていたのです。

そこで、店長を交代させるのに合わせて社長のデスクを事務所の奥に設置して、1週間に1回、必ずそこに行って座るよう約束してもらいました。急にやってきて30分ぐらい店内を見て回って帰るのと違って、1日落ち着いていると、店員たちの仕事ぶりを含めて支店の置かれている状況も課題もよく見えてきます。

結局、それまで何度もチャレンジしてうまくいかなかったことが、前向きに動き出し、とたんに業績がよくなり始めました。中小企業では、ボスが近くにいるといないではずいぶん違うもので、ボスとのコミュニケーションのレベルというのは業績にモロに影響を与えるものです。

そのポイントは、やはり距離です。通常、ボスと社員とのコミュニケーションの差は、物理的な距離の差に比例するといって差し支えありません。改めて社内を見渡したら、リーダーとコミュニケーションの濃い人ばかりがボスの近くにいて、遠くにいる人はみんな疎遠、というケースが多いはずです。

社長周辺の人的配置の見直しを含めて、人の配置とレイアウトを総合的に考えることをぜひやっていただきたいものです。

5章

「ダメ社員」を生き返らせるコツ

1 環境を変えてやれば人は変わる

◉たまたま巡り合わせで不遇なケースも

組織がある以上、必ず生まれる「2・6・2の法則」の下の2割、いわゆるダメ社員の活性化・自立化は、乱暴ないい方をすれば、組織的には二義的な対策ということになります。効率性という点でいえば、まったく効率はよくありません。

会社のテーマをいえば、一つは収益性、二つ目が社会性、三つ目が教育性ということでしょう。会社には、社員一人ひとりを成長させ、世の中に貢献できる人材を育てるという大きな課題があります。会社が社会的存在であるかぎり、仕事で落ちこぼれている社員といえども、生き返らせる最善の努力をしなければなりません。

そもそもダメ社員といっても、あくまでも限られた環境の中で、たまたまそういう評価の巡り合わせになったにすぎません。運悪くミスが重なった、苦手なタイプの上司にばかり当たった、得意分野の仕事に恵まれなかった……などなど。ちょっとしたきっかけでレッテルを貼られ、気分もクサってズルズルと深みにはまってしまったというケースが少なくありません。

その証拠に、鳴かず飛ばずだった社員が転職して、優良企業の幹部になっているケースや、会社をあちこち渡り歩いたすえ会社を興し、今や上場会社の社長というケースなど珍しくありません。

つまり環境が変われば、ダメ社員も元気社員に変身するということです。そのときには、過去の苦い経験が貴重な肥やしになって、その後の飛躍を助けることになるのです。すなわち、過去の〝反省〟がモチベーションを高め、飛躍の源になるわけです。

ただ、こうした社員というのは、自分で自分の環境を変えられないのが特徴です。変える力も、変えようとする強い意思もないまま、多くの人は出口のない状況の中で悶々としています。

そこで、本人が今の環境を変えられるよう、サポートしてやることが必要になります。

話が前後するかもしれませんが、今の環境を根本的に変えるには、極端にいえば退職・転職も選択肢の一つでしょう。いろいろやってみたものの、結局この会社、この環境の中ではどうやっても飛べないという人もいるはずです。そこを辞めて、違う会社に移って成功するケースはたくさんあります。現在のガチガチの状況の中で、とにかく頑張ることだけがすべてではありません。

リーダーとしては、視野を広げて、人生の仲間としてあるいは先輩として、その人の人生を真剣に考えてあげた結果として、もっと生き生きと頑張れる別の環境があるかもしれません。そこへ飛び出せるよう背中を押してやることも、ケースによっては必要でしょう。

◉秀才は凡人からも学べるが、凡人は秀才からさえ学べない

今の会社の中で環境を変えようとする場合、コーチ役が絶対的に必要です。それも単なるアドバイザーではなく、師匠と弟子のような関係にならないと、とくにダメ社員の自立支援はできません。

このコーチ役は能力だけで務まるものではありません。能力のあることは前提ですが、好かれないまでも嫌われない関係をつくれることがまず必要です。

なぜなら、大苦戦して落ち込んでいる人というのは、周りの話を聞くことができま

せん。アドバイスを自分のものにできない、という精神状態にあります。いわば強度の引きこもり状態にあるわけです。

その孤立して凝り固まった頭をほぐし、吸収力をよくするためには、コミュニケーションの密度を高め、嫌われない関係、つまり味方だと思ってくれる関係がどうしても必要なのです。

「秀才は凡人からも学べるが、凡人は秀才からさえ学べない」というのと同じような意味で、大苦戦中の人ほど、嫌いな人からは学ぶことができないのです。

相手の味方になるポイントは、相手の「足りている部分」を認めてあげることです。それには、特別な何かを評価する必要はありません。いつも地道にコツコツやっているような目立たない部分を見つけて評価してやると効果的です。

いってみれば、人がクサったり、やる気をなくすケースの逆をやればよいわけです。これは「管理」を減らし、「サポート」を増やしてやることでもあります。

管理とは、ダメ出しをして足らざるを指摘することで、サポートとは、足りている部分・プラス部分を評価し、親身になってアドバイスすることです。また管理は、言葉の剛速球を次々に投げ込んで、ともすると弱い人間を追い詰めることになりますが、サポートはむしろその逆で、相手のレベルに応じて相手が受けられる球を投げてやって、言葉のキャッチボールをすることです。その場合、仕事そのものよりも、関係づくりを主にするのが現実的なテーマになるでしょう。

また、本人が継続できるものから始めさせることが肝要です。実現可能なものを一つひとつ実行し、小さな実績（結果）を確認しながら〝改造〟していくことです。辛さばかりでは長続きしません。要は、本人の気持ちをプラス環境へと変えてやる手助けをしてやることです。

ただ、仕事ができない人は、試合のときに結果を出したがるくせに練習をさぼっている状態にあります。

「お前は練習していないから、試合に勝てないのだ」

「お前の問題は日常にある」

という点をじっくり話して気づかせる必要があります。このサポーターは、仕事以外のところで手取り足取りコーチする時間が多くなり、オンビジネスよりオフビジネス、仕事時間が終わってからのインフォーマルな部分にどうしても時間を取られます。

能力のあるリーダーが師匠的コーチとして1対1で時間を割くわけですから、会社としては、ある意味では非効率だし、やった人が必ずしも会社の中で十分に評価されない可能性があるなど、ビジネス効率をある程度度外視してやらないと達成できない難問であることは確かです。あくまでも、その人の人生を豊かにするサポートであるという意識が大前提です。

2 素手で戦わせないよう、武器を与える

◉ダメ社員は「仕事脳・ビジネス脳」がほぼゼロ状態

自立化を進めるにはリーダーは「サポート型」で、といってきましたが、これは元気社員を対象とした場合です。しかし、大苦戦中の人は事情が異なります。このような人は自己管理が極端に苦手です。自分のために腹を決めたり、決めたことを実行できないケースが数多く見受けられます。

そこでリーダーは、その人に代わってその人の「自己管理をサポート」してあげる必要があります。師が弟子に教えるように、日常の行動を細かく指摘し、いわば素振

り一つから指導する必要があります。まさに、その人の弱い部分を一つひとつ直していくわけです。

基本的なことでいえば、まず「仕事脳・ビジネス脳」というものを鍛え直す必要があります。ダメ社員の特徴は、ビジネス脳が未発達の状態であることです。ビジネス脳が未発達ということは「自分中心脳」のままで、自分のこと、自分の立場でばかり考える世界に入ってしまっているということです。相手の気持を察して、その目線で言動をするという、仕事には不可欠な点で著しく劣っているケースが多いのです。そのような「学生脳」や「子供脳」のままでは、いつまで経ってもビジネスマンとして自立できません。

自分の好き嫌いや自分の都合でなく、会社やお客様の視点でものを見たり考える能力、つまり「お客様ファースト」、「フォーユー」の精神を徹底的に身につけさせる必要があります。

もう一つは〝アウトプット筋〟を鍛えることです。「アウトプットを常に意識して行動する癖をつけろ」ということです。

結果や仕上がりを意識せずに仕事をすると、ムダな動きばかりすることになります。ときには周りの足を引っ張る結果にもなり、ダメ社員によく見られる傾向です。

また準備にばかり没頭してアウトプットする方法を知らないと、準備バカ、勉強バカになります。食べてばかりで排出しない状態です。これでは便秘になって、結局は仕事嫌いになってしまいます。

どういう結果を出すか意識して食べよう、これを食べたら身体に悪いと思ったら食べなくていい、これは健康にいいから自分の信念で食べ続けようと思ったら即座に積極的に食べよう——ということでしょうか。

アウトプット筋を鍛え、結果を意識するクセをつけるには、結論から先に話すようにする、いつも結論から先に書き始める、といったことを日頃から心がけることも一法です。

習慣化できるまで、焦らずコツコツ鍛えることです。

◉「見込み客プレゼント」で生まれる二つの効果

次に、仕事の過程で何をサポートするかですが、営業のケースでいえば、ズバリ客をプレゼントすることが一番の近道です。

教えるべきことをある程度教えたら、次は代打で試合に出して実績をあげさせるのです。ところが、成績のよくない人は実績をあげるべき客を持っていません。そこで、コーチ役が見込み客をプレゼントするのです。

お客を目の前に与えられれば、数字が生まれます。また、お客からも多くを学ぶことができます。この二つを上手に回転させることが大事です。まさに、「10のアドバイスより1人のお客」といってよいでしょう。

お客から教わるものの大きさといったら、社内研修の比ではありません。社内だと何か問題があっても内部だけの影響ですみますが、もし顧客先で問題を起こせば即クレームとなって内外に影響が出ます。

それだけ、試練でありプレッシャーであると同時に、お客が自立を手助けしてくれるわけです。社内で学ぶより、お金をいただきながらお客に学ぶ真剣勝負の中でこそ、社員は初めて鍛えられ成長できます。

社員を短期で稼げる営業マンにするしくみを持つ会社は、会社で見込み客を見つけ、その見込み客を営業マンに与えるマーケティングと、その後のしくみができています。「見込み客を見つけるのは会社の仕事」、「見込み客から契約を取るのは営業マンの仕事」という二つの役割が明確になっています。

うまくいかない会社では、見込み客を見つけることも、その後のセールスも両方営業マンにさせています。実績のあがらない営業マンのほとんどは、見込み客を効率的に見つけることができずに困っているケースがほとんどです。

あの会社の営業マンはなぜあれほど育つのか、という会社もあります。会社にマーケティング力があり、見込み客を事前に発見できているからです。営業マンの前に、すでに客がいるのです。そのうえでセールスに集中できる環境とサポートが整っているわけです。

◉「外見のプロ化」なら1日でできる

さて、見込み客を与えて本番に送り出したとしても、本人にまだ実力がともなっていませんから大いに不安です。そこで、不安な状態のまま素手で戦わせることのないように、スペシャル・ツールを武器として持たせます。

次ページの図は、お客が相手の営業マンにどのような印象を持つかなど、相手の状況によって信頼感がどう変化するかを表わしたものです。

お客に「素人の他人」とイメージされたとたん、「あなたには相談したくありません」と、入口でシャットアウトされてしまいます。百戦錬磨のお客の嗅覚を突破しないと奥へ入れないのが営業の世界です。

しかし、「素人の他人」であるダメ社員を、「プロの知人」にまでレベルアップさせ

プロと見られるか、素人と見られるか

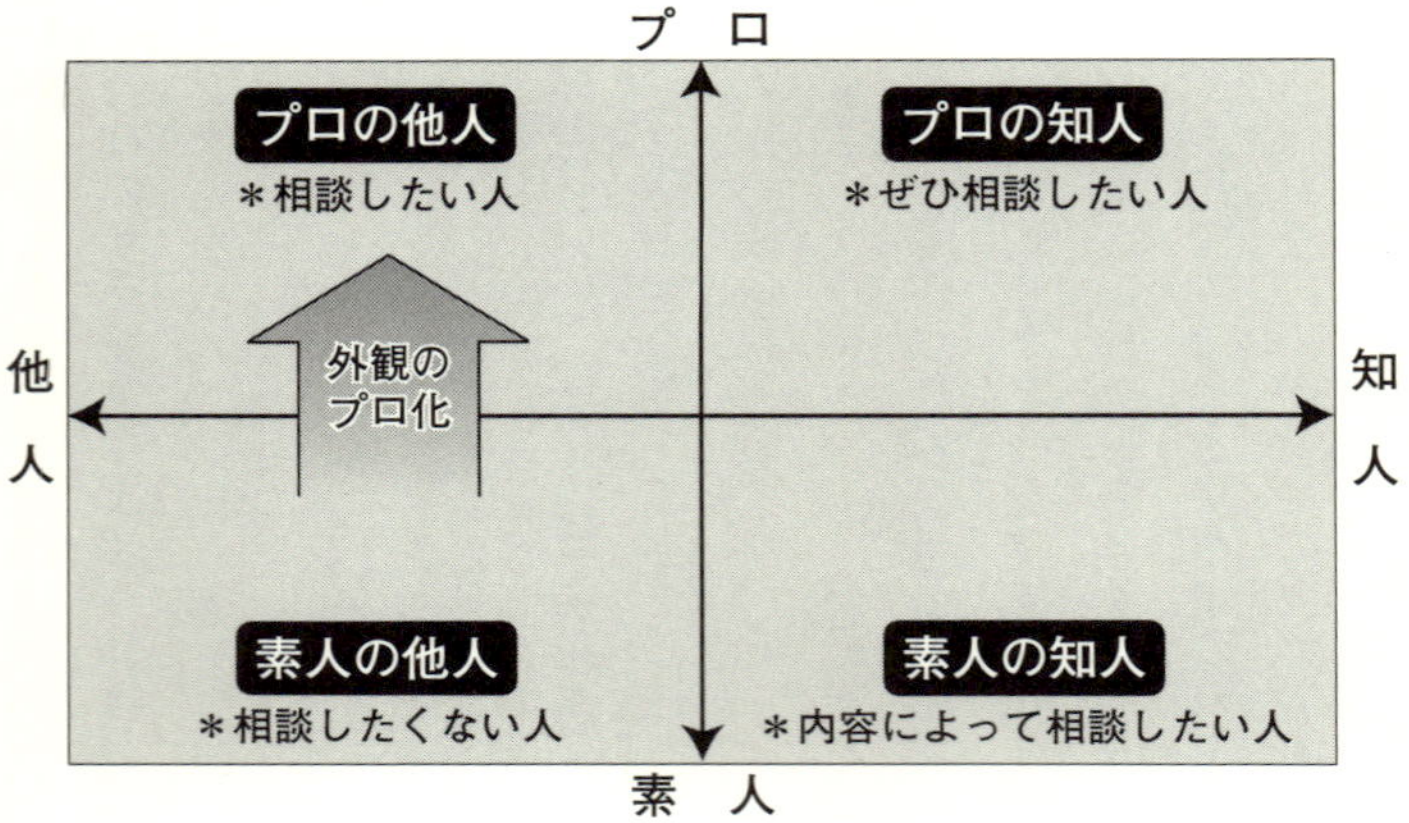

るのはおよそ不可能です。プロになるにも5年、10年はかかるし、知人になるのはさらに時間と労力がかかります。そこで、リーダーが支援するポイントは、外見だけでも「プロの他人」に近づけることです。

「この人に相談してもいいかな」と思わせるプロのイメージをつくって入口を突破させるわけです。いい換えれば、プロっぽく見せるように改造してやることです。

人間は最初の3分間の第一印象で相手を判断します。そして第一印象の7割はその人の外見で決まります。

見た目の印象を〝頼れるプロ〟のものにすれば、「素人の他人」から「プロの

他人」に変身し、「相談したくない人」から「相談したい人」に変えられるのです。

プロになるには10年かかりますが、この〝外見のプロ〟なら1日でつくれます。

好感を持たれるビジネスバッグや社用封筒、アカ抜けたデザインの名刺など、これだけ揃えると、見た目はちょっとしたプロに近づきます。

仕上げは、実際はヒラでも名刺に○○主任、○○長といった肩書きをつけてやって、仕事がきちんとできる人間としての役割を担っているという印象を与えられるようにしてあげます。もし可能であれば、使用車も相応のグレードにすることも考えてよいでしょう。

要するに、中身はまだないわけですが、ツールを使って「外見のプロ化」を頭の先から爪先まで徹底させるということです。

◉「どんな会社?」に答えられる小道具を

さて、外見はプロのイメージになって「相談しても大丈夫かな」と思ってもらい奥に一歩入ったとたん、必ず相手から飛んでくるのが、

「ところで、おたくの会社はどんな会社?」

という質問です。ここでしどろもどろになったのでは、せっかくの〝外見のプロ〟

も一気に素人に逆戻りです。そこで、必ず飛んでくる球に対して万全の準備をしておけばいいわけです。

あらかじめリーダーが口頭で教えておくのもよいでしょうが、むしろ会社として一つの小道具を用意しておくことをお勧めします。「クレド」といわれるもので、「あなたの会社はどんな会社ですか？」という質問があったとき、当社はこんな会社で、これからどうなろうとしているか、今こういうことにチャレンジをしている、などが的確に答えられるよう、会社概要・沿革、企業の理念・ビジョンなどを一枚のカードに印刷したものです。

「おたくはどんな会社？」と聞かれて、それに的確に答えられる社員は間違いなく優秀な社員です。実際は要領よく答えられない人が多く、成績のよくない社員ほど、自分の会社がどんな会社で何をめざしているかなど語れないものです。そのようなことを日頃からまったく考えていないせいか、会社を背負っているという意識に乏しいわけです。

しかし、相手に聞かれることがわかっているのだったら、会社としてあらかじめ対応しておくべきです。社員個々に任せるのではなく、印刷物などにして準備しておけばいいのですから。

これを各自が常時手帳などに入れておき、もしうまくしゃべれなかったら、そのカードを見ながら説明してもいいわけです。もちろん、暗記しておくに越したことはなく、リーダーは何度も復唱させて覚えるように指導します。

会社案内やカタログの中に、こうした内容を印刷している会社は多いようですが、カタログに載せるだけでは効果は限定され、商談相手もほとんど気にとめません。

しかし携帯していると、お客さんは興味を示します。社員がいつも身につけているのを見て、「あなたの会社はしっかりしているね」といってもらえれば大成功です。いうまでもなく、営業マン自身の社員教育にも大いに役立ちます。

◉ミスを未然に防ぐ、お客様への文書伝達ツール

不慣れな社員を営業現場などに出すときの不安は、ミスの発生です。とんでもない大ミスを発生させたりすると、会社の損失を招いてリーダーの責任問題になると同時に、本人はもう二度と立ち直れない傷を負います。どちらにしても、ミスが発生しないよう、万全の予防をしなければなりません。

その一つが「お客様お願い用紙」というツールです。

社員のうっかりミスが起こるのは、相手への伝達に関してのことがほとんどです。

伝えもれ、言い間違い、誤解を生む表現などなど。これは口頭で伝えようとするから問題が起こるのであって、大事なことは文書に書いて（印刷して）それを相手に渡せばミスは防げるはずです。

契約内容に関すること、お金の出し入れに関すること、あるいは相手にアピールしたい要点など、正確に伝えなければならないことを文書にし、相手を明記して「大事なことですから、担当の○○様にお渡しください」とお願いするわけです。この文書を通称「お客様お願い用紙」と呼んでいます。

大きな会社と商談するときほど、ポジションが下の人から上の人に話を上げていくのには負荷がかかります。しかし、営業的には上席に上げてもらわなければ仕事になりません。ちょっと話したくらいでは、なかなか上に上げてもらえないのがこの世界ですが、文書化すると比較的突破しやすくなるという利点があります。

文書に「○○部長様」と記入し、「お使いだてして申しわけございませんが、これを部長にお渡し願えませんか」と言わせて、先方に確実に渡せばよいのです。

「詳細は話さなくていいから、必ずこれを読んでもらえるようにお願いしなさい」という簡単な指示ですむというわけです。また相手の担当者も、「内容を理解したうえで上長に説明するように」との大きなお願いを、「渡す」だけの小さなお願いに切り換えることで負荷が小さくなります。

大事なお願いは、「話す」のではなく「見せる」ことで伝達のミスを防ぎ、上に話を通しやすくするという一つの作戦です。

重ねていいますが、デキの悪い社員を改革する場合だけは、サポート型ではうまくいきません。「管理」がやたら入っているじゃないかと思われるでしょうが、そのとおりで、彼らは自分で自己管理ができないのが最大の課題です。本来は自分で管理すべき部分を、軌道に乗るまではとりあえず、リーダーが代わって自己管理してあげるというわけです。

6章

チームとチームリーダーを育てる組織の戦略

1 自立社員を活かす「自立型チーム」に

◉「綱引き理論」が教える個人パワーの発揮度

企業にとって、個人の活性化と成長は最も戦略的なテーマです。

しかし、組織と社員一人ひとりの成長が一体感をなくすことも現実には起こりえます。「管理する組織」になって、指示されたことしかできない人間の集団になってしまったり、逆に、個人の自立に偏りすぎてチームとしての成長ができなくなっても問題です。個人の成長がチームの成長になるような組織づくりが肝要で、「自立社員革命」のための長期戦略として、組織戦略は避けて通れません。

「綱引き理論」という興味深い話があります。

1対1で綱引きをしたとき、1人の人間が発揮するピーク時の力を100とした場合、3対3、さらには10対10、12対12と綱引きの人数を増やした場合に1人が発揮する力にどんな変化が現われるか、という実験をした人がいます。

「三人寄れば文殊の知恵」ではありませんが、人が集まってチームでやれば大きな力が発揮されると思われがちですが、実はこの綱引き実験によると、1人が発揮する力は逆に少なくなるという、ちょっと気になる結果になりました。

1対1のときは1人が100の力を出すのに、3人対3人で引き合ったときの1人の力は80に落ち、つまり2割ダウンします。10人対10人で引き合ったときには、何と5割ダウンして半分の力しか出せていない、というのです。

これはたいへん興味深い結果で、要するにチームとしてみんなでやると、誰か他の人が頑張るだろうという気持ちになったり、あるいは力を出すタイミングがバラバラになって、集中した力を発揮できないのです。

ところが、この話には続きがあります。訓練を積んで綱引きのコツをマスターしたチームには、この実験結果は当てはまらなくなるのです。相手のスキを衝いて、リーダーの指示のもとでみんなの力を一点に集中することが訓練によってできるようになると、チームとしてより大きな力が発揮できるというわけです。

仕事についても同様のことがいえそうです。

日常の仕事は個人個人がしっかり対応すればよいわけですが、大きなテーマにチャレンジする場合には、たとえ一人ひとりが優秀でも、単にチームを組んだだけでは意味がありません。かえって、一人ひとりの力はパワーダウンしてしまいます。チーム全員の力をリーダーのもとに結集できて、初めて企業としての力になります。

社員が自立できたとしても、会社が大きくなるにつれ、組織に埋もれて存分に自分の力を発揮できなければ素人の10対10の綱引きのようなもので、これほどもったいないことはありません。しかし、現実にはよく起こる現象です。

その意味でも、個人の自立とチームの自立は切り離せないテーマです。個人の自立だけでなく、チームを自立させるという長期戦略を持つことが肝要で、自立したメンバーが力を合わせて自立的にチームを運営するとともに、ときにはそのチームがメンバー個人の自立を、現場でフォローする存在になることが必要なのです。

◉フラット型小チームを組織のコアにする

硬直化した組織は、社員の自立化を阻害します。何年も同じ人が同じ仕事を繰り返しているような組織や、単純に大きくなって小回りがききづらくなった組織、さらには縦に何層も階層ができた組織はさまざまな弊害が出てきます。組織はシンプルかつフラットがベストです。

会社の中で、最も小さな組織を「チーム」と呼ぶことにします。チームの最小単位は3人～5人がベストで、かなり有能なリーダーのもとでも7人程度が限界です。

チーム運営のカギはコミュニケーションですから、どんなに一人ひとりの能力が高くても、一緒に仕事をするためには深いコミュニケーションが不可欠です。リーダーがきちんと1対1でコミュニケーションを取れる限界が、最大で7人というわけです。

一方、最低3人という数字の意味は、新人リーダーなどの見習いリーダーには、まず3人から始めるということです。2人ではチームになりません。

リーダーの仕事は実際にやってみて初めてわかる仕事です。リーダーとしての能力が身についていても、実際にそのとおりに行動できるかどうかは未知数です。個人が自立する段階と違って、チームを引っ張り人の面倒を見るわけですから、経験のないことばかりです。他人の話で理解したつもりでも、やってみないとわからない世界です。そんな〝仮免リーダー〟が始めるのが、部下3人からということです。

構成は、リーダーが1人いて、その右腕で次期リーダー候補が1人、そして新進気鋭の若手が1～3人というチームが基本になります。そうした小チームの単位を組織のコアにして、できるだけ階層をなくして会社の組織をフラットにすることが、社員が生き生きと自立するポイントです。

フラットな組織では、邪魔をする人間が上にいないため、チームが自立し、いろいろなアイデアで仕事を組み替えて、さらにフラットに広がっていきます。その結果、会社の成長に合わせる形でチーム数が増えていきますが、その数が70チーム以上になると、今度は別の問題が出てきます。

横のチームがたくさんできすぎると、フラットなチームだけで頑張るのは無理になるとか、チーム間の交流・調整が取りづらくなるなどの問題が出てきます。つまり、チーム数で70以上、社員数にして３００人を超えるようになれば、そのフラット型のチーム組織も一つの限界にきたということです。

その場合には、チームの一つ上位の組織、たとえばグループ、課、部といった中組織をつくって縦糸組織を組み替えます。同時に、そこまで大きくなると、縦糸の組織を横断する形のマトリックス組織に組み替える必要も出てきます。

すなわち、プロジェクトチームや特別な役割を持つマネジメント組織を横糸の組織として、縦糸のグループやチームとクロスさせ、組織を「面」として強化するわけです。逆にそうしなければ、３００人を超えた組織では大きな組織のメリットが出てこなくなります。

いずれにしても、最も小さな組織単位であるチームを組織として自立させることが肝要で、3人から7人ぐらいの小さなチームをリーダーに持たせて、そのリーダーが自立すると同時にチームも自立させるように持っていくことが肝心な点です。

◉逆ピラミッドの組織をイメージする

以上のような小チーム制の組織をまとめると、次ページの図のような逆ピラミッドのフラットな組織になります。

会社の業績は結局、お客様の満足、評価で決まります。そのお客様の満足を勝ち取れる会社組織とは、最も上に株主総会があり、その株主の総意を受けた取締役会が次にくるのがほとんどです。

さらには、その取締役会で任命した代表取締役社長のもとで具体的に経営が執行され、本部・部・課と階層別に組織がつくられていきます。

とくに株式を上場している企業では、この組織図の形式は絶対で、少しでもこの形を変えると、監査法人から間違っているから直すようにとの指導がなされます。こうした組織図では、株主満足優先の精神と代表取締役社長のもとでコンプライアンスやリスクマネジメントをしっかりと執行するトップダウンのマネジメントスタイルが背

お客様を支える逆ピラミッド組織

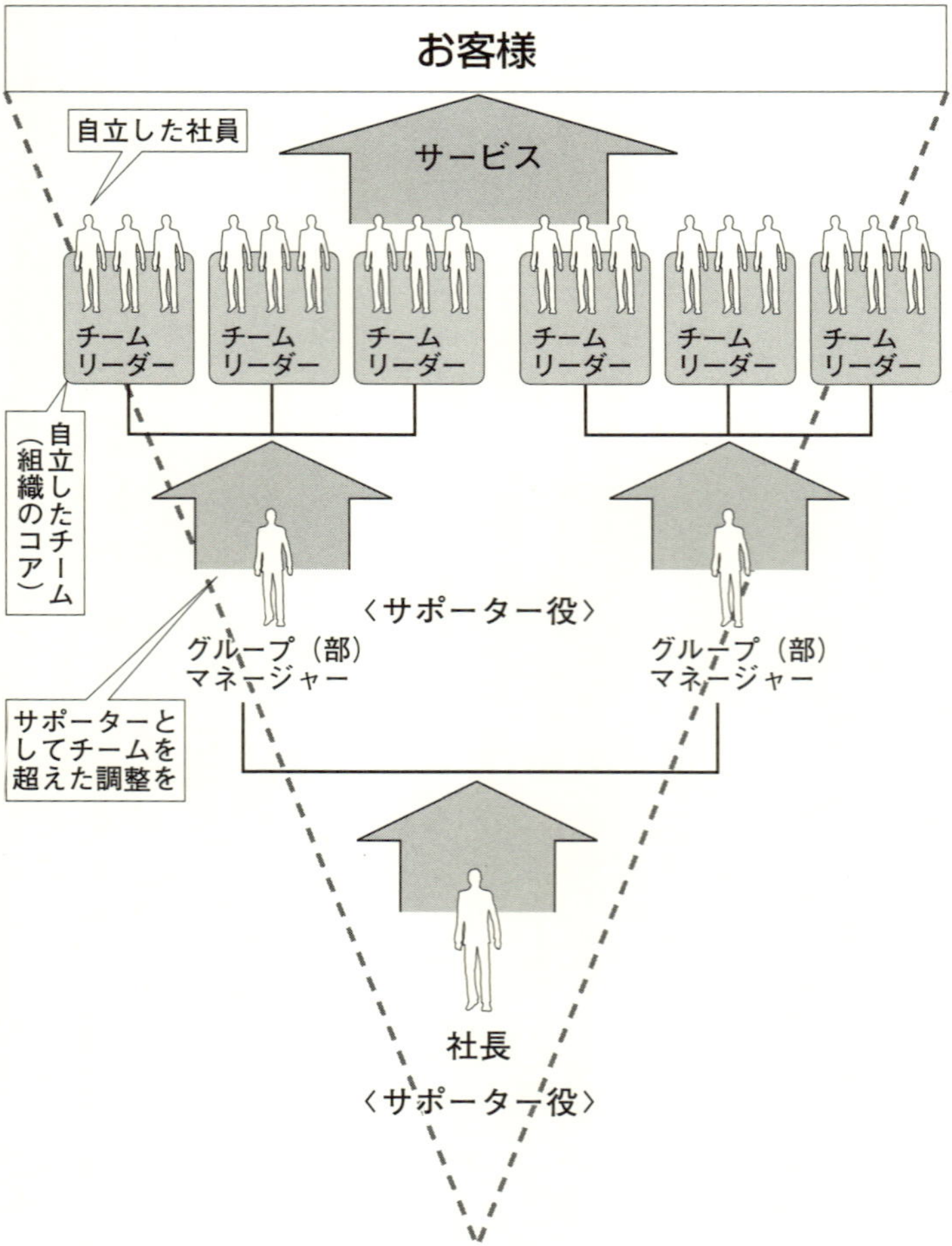

景にあります。

しかし、自立社員の育成を推進する企業の中には、あえてこうした組織図を用いず、逆ピラミッドの組織をとる会社があります。こうした会社では、お客様満足と、それを現場で展開してくれる社員満足を高めることを会社の最大のテーマとし、組織図上も最も上にお客様を、そして現場のスタッフ個人を次に置き、そしてその個人を組織としてサポートするチームが組織のコアになります。

このような組織の会社では、社員はお客様のサポーターであり、リーダーはその社員のサポーターになります。最後に、社長はどうかというと、スーパーサポーターということになります。

2 チームリーダーを戦略的に育てる

◉自立できた人から順にチームリーダーに!!

どんな優秀な人間でも、個人でできることには限界があります。かなりのことは1人でできても、もっと違うことをやろうと思ったときに、自分1人ではできない、でもチームとして3人でならできる、といったことが必ず出てきます。

チームリーダーになると、個人でできないこともチームならできる、ということを明確に知るようになります。それが、「チームでできることを共有する」ということであり、メンバーの個性や強みを知り、認め合うチーム文化をつくることにつながります。

優秀な人間、いい換えると自立するのが早い人間ほど、実は個性的な人が多いものです。チームというものは、個性豊かな人間を組み合わせるのが原則で、個性を認め合わないと日常の仕事が楽しいものにはなりません。一方、その裏返しとして、強い個性が邪魔をしてチームプレーができなくなるという弊害もあります。優秀な人の中には、そのようなタイプの人が少なくありません。

そのような人間を放っておくと、どんどん誤解が増幅されていきます。その結果、コミュニケーションが取れずに敬遠されて、結果的に、あいつとは一緒に仕事をしたくないという存在になってしまいます。せっかく個人で自立しても、一匹狼のままで1人で頑張るしかないというのでは、会社にとっても大きな損失です。

そこで、この人間は自立できたなと思った段階で、できるだけ早い時期に3人程度の小さなチームを持たせて、リーダーとしてチームの必要性を若いうちに体験させることが必要です。仕事のできる人が、仕事のできる人を育てられるとはかぎりません。

部下がついていきたくなる、あるいは部下を育てられるリーダーとはどうあるべきかを、身をもって体験の中から学ぶ必要があります。

若くして自立したものの、周りに誤解され敬遠されていた人を10年も経ってからそろそろリーダーにしてみようとか、部下を持たせてみようといっても手遅れです。まさに成長著しいときに、タイムリーにリーダーを経験させるのが一番です。

◉バランスのとれた自立性を養う長期の戦略を

実は私の部下で、抜群の仕事センスを持ち、社内でトップコンサルタントを維持し続けている人がいます。私は彼と特別に親しく、話をすると、私には思いつかないすばらしいヒントをくれます。実は、彼はとても誤解されやすい人間なのです。その原因は一言でいって、彼の奇抜すぎるその個性にあります。

まず見た目からして奇抜で、シャツは原色のイエローだったり真っ赤だったりで、ネクタイも、こんなのどこで売っているのかと思うほどのファッションで固めています。指には、ごついシルバーの指輪を片手に三つもはめていますから、初対面の人はまず、「何だこいつは？」と思うはずです。

彼は仕事の能力が非常に高く、マインドも高いものだから、仕事のうえでよく熱くなります。ときとして、本質をついた言葉の剛速球をズバッと相手に投げ込むため、相手は驚いて逃げ腰になり、実際に逃げ出してしまうこともあります。しかし一方で、思いきったアイデアを本気で求めてくるチャレンジ精神旺盛な経営者と仕事をすると、次々にすばらしい結果を出します。

彼は、自分の能力を最大限に発揮できる相手かどうかを見分けるために、つまり客を選ぶために、意図的にこうしたスタイルをとり、言葉の剛速球を投げているのです。

既成概念に縛られた相手とは仕事をしたくない、自分の斬新なアイデアを理解してくれる経営者と思いきった独創的なビジネスをやりたい、と考えているのです。

彼は、自分のつき合うお客様を自らが選ぶのです。このスタンスはなかなか理解されません。自立した優秀な人間がみんな彼のようになれるかというと、それは難しいでしょう。個性的な人間ほど、彼のように誤解されやすい面をたくさん持っています。

実力のある人には、できるだけ早いうちに小さなチームを持たせて、チームの大切さを理解させ、組織の中では1人では成長できない、チームで仕事をするべき、ということに目覚めさせるための施策が必要です。

そうしたリーダーとしてのノウハウは、体験の中から自ら学び取るものです。自立して稼げるようになった人の中で、そろそろチームプレーや部下の育成を学んでほしいと思える人が出てきたら、いって聞かせるよりも、とにかく小さなチームを実際に持ってもらうことです。

間違いなく、メンバーとともにリーダーになった人が最も成長するはずです。このとき大事なことは、リーダーを経験してもらうタイミングです。最も成長著しいときに、タイムリーにチャレンジさせることが大事です。

多少リスクはあって、やらせてみた結果、やっぱりダメだというケースも中には出てくるでしょうが、これはバランスの取れた自立性を自らの経験の中から感じ取ってもらうという長期の戦略で、トータルで見ると社員の自立化は間違いなく前進することになります。

◉チームを率いることでルール意識を身につける

チームリーダーを早期に経験させることで、集団としての「ルール観」を早い時期に身につけてもらいます。

自由に伸び伸びというのはいいのですが、会社の中の自由を履き違えると、とんでもないことになります。会社の中でも、自由を守るためにはチームとして守らなければならない原則や、絶対に外してはならない会社の規則やルールがあり、それを守ったうえでの自由なのだということを、早いうちに理解させることが組織人として大事なことです。

二つ目は、個人が自由勝手に動き出すと人の話を聞かなくなり、そうなるとチームは成り立ちませんから、いい意味でお互いの問題点を指摘し合える、健全な懐疑心をチーム内で共有すべきです。

これは自分の問題だから、彼の問題だから、と脇に置くのでなく、お互いに「このままだとまずいんじゃないか」と、前向きに指摘し合える関係づくりに努力することがリーダーに求められます。

チームリーダーになれば、メンバーとの対話は不可欠です。その対話力を身につけてもらおうというわけです。いうまでもなく、対話力は人としゃべる中でしか身につきません。相手との対話では剛速球ばかり投げず、相手が受けられる球を投げる、あるいは一方的にこちらからボールを投げてばかりではなく、相手からもボールを投げてもらって会話のキャッチボールをする、といったことから、対話能力や聞く力を磨いていくということです。

三つ目は「リスク感覚」です。これが強くなりすぎると「角を矯《た》めて牛を殺す」結果になってしまいますが、会社としてのリスク感覚と自由な発想とのバランス感覚を身につけることは最低限必要です。

ビジネスマンとしてはいわば当たり前のことで、「これをやったらどんなリスクがあるか」ということを、リーダーとして常にチームや会社の立場で考えて行動するという、これも一つのルールです。

◉部下を自立支援することで自分自身も成長する

チームリーダーになれば、それまでは自分の自立のために一所懸命やってきた人も、今度は部下の自立を応援する立場に変わります。新たにメンバーの自立支援にチャレンジするということです。

それまでの「自分のため」から、「他人のため、お客様のため」に動かないと人はついてこない、ということをそこで学ぶのです。自分のためだけではリーダーは務まらないというのは、いわばリーダー教育の原点です。

普通の人は「自分のため」に頑張ります。とくに、外資系の企業ではそれが顕著で、アメリカ型のリーダーシップというのは個人のために頑張るという文化が背景にあります。しかし日本的なリーダーシップ論は、元来異なっていたはずです。私は改めて日本的リーダーシップというものを見直すべきだと考えています。

日本人は「自分のため」というスタンスの人の下には集まらない、部下もついてこない、という習性があります。リーダーには、原点として部下のため、お客様のためといったものを、どこかに持っているかどうかが求められます。

もう一つ重要なことは、部下の自立をサポートするには「マーケティングの感覚」が必要だということです。つまり、マーケティング感覚を人材育成に取り入れるという発想です。

マーケティングというのは、お客様が先にいて、お客様が望むことをまず知ったうえで、それにどう向き合っていくかを考えます。自分中心に、自分が持っている商品を一方的に提示して売り込んでも成功しないということです。人材育成にも、これと同じ感覚が必要です。

マーケティングの発想で部下を見て、どのような人間で、どのような考え方をして、どのような能力があって、どうやったら伸び伸びと頑張ってくれるか、を考えながらサポートすることが大切です。部下が優秀であればあるほど、鋭いマーケティング感覚が必要になります。

早い時期にチームリーダーとして学ぶ機会を与えて、若手リーダーにより高いレベルのサポート能力を身につけさせる長期的な戦略が必要になるゆえんです。それが不徹底なままだと、仮に個々の社員が自立したとしてもチームプレーの取れないバラバラな組織になり、そんな会社は一定規模で成長は止まってしまうでしょう。

もっとも人間には、部下の自立をサポートする能力の有無というものがあって、部下を育て、組織的なチームプレーをリードする能力が高い人と、チームプレーに関する組織能力がどうしても身につかないという人がいます。また先の例のように、個人としてはよく稼ぎ、仕事はできるけれど、チームリーダーとしては問題がある、という人もいます。

最終的には「能には職を、功には禄を」という考え方で、そんな人にはポストは与えず、個人の業績を禄で報いる形で処遇することが必要でしょう。日本の会社組織もスペシャリストとゼネラリストの二つの道をもっときちんと分けて、スペシャリストとして最高位にある人とゼネラリストとして最高位にある人は両方同じようにすばらしい、という形態を構築する必要があります。

スペシャリストはマネージャーになれなかった人、というイメージがついて回りますが、このような考え方はすでに時代遅れなのです。

3 自立型新人リーダーを上手に育てるコツ

◉リーダー1年目は、必ずうまくいくチームメンバーでスタートさせる

初めて部下を持つ立場になった新人リーダーにとって、チームリーダーとしての1年目が勝負となります。〝絶対にうまくいく成功シナリオ〟でチームをスタートさせるには、まずはチームのつくり方、とくにチームメンバーの人選を間違えないことです。

優秀な人間ほど、若くしてチームリーダーになるわけですが、難しいテーマは後回しにして、まずは気の合うメンバーでチーム編成をしてやることです。

会社として画一的・機能的にメンバーを決め、一方的に押しつけてスタートさせると、コミュニケーションでつまずいたりして、肝心のリーダー育成が頓挫しかねませ

ん。最初はそのようなムダなトラブルが生じないよう、信頼し合えるメンバーでチームを組んでやったほうが得策です。

具体的にどうするかというと、社内の若手に「今度、○○さんがチームを立ち上げようとしているが、一緒にやりたい人はいないか」ということを聞いて回り、若手の中から「ぜひやりたい」という人をピックアップします。一方、リーダー候補の○○さんからも、一緒にメンバーを組みたい人の希望を出させて、チームお見合いをセットするのです。

人事は会社が決めるものという考え方が一般的でしょうが、その過程に「お見合いローテーション」を挟むということで、より現実的に考えようというわけです。

組織や人事の編成を担当する人事部は、現場の実情をよく知らないケースが多いものです。彼らがつかんでいるのは過去のデータが主であって、人事部主導だけで進めてしまうと、モチベーションを高める部分が抜け落ちるきらいがあります。

仕事に対する情熱や将来に対する思い、あるいはこの人と組んで仕事をしたいといった情の部分が活力には欠かせません。チームの成績は、組織をデザインする段階で、すでに7〜8割は決まってしまいます。それだけに、うまくスタートを切らせたい新人リーダーには、とくに配慮したい点です。

新任チームリーダーにつける部下は？

（チームリーダーの売上額＝3000万円）

	売上額	伸び具合	
A	4000万円	↗	上り調子
B	2500万円	↗	上り調子
C	2000万円	↗	上り調子
D	4000万円	↘	下降気味
E	2500万円	↘	下降気味
F	2000万円	↘	下降気味

具体的な人選方法で考えてみましょう。たとえば営業のチームリーダーが、3000万円を売り上げているとします。上図のような6人のメンバー候補がいた場合、誰をメンバーに加えるべきでしょう。

メンバー候補のうちAさん、Bさん、Cさんはいずれも伸び調子です。Aは4000万円を売り上げていてリーダーよりも上、Bは2500万円で少し下、Cは2000万円にとどまっています。一方、Dさん、Eさん、Fさんはそれぞれ売上金額はA、B、Cと同じですが、いずれも稼ぎが落ちてきて、成長性が下向き傾向にあります。さて、新人リーダーに部下を2人つけるとして誰をつけるのがベストでしょうか。

この場合、下に2人をつけるとすると、迷いなくBとCです。なぜなら、まずこの2人はベクトルが上を向いて成長途中ですから、ほぼ予算（計画）どおり売上げを達成するでしょう。しかも、数字がリーダーより少し低いので、リーダーのペースで部下を引っ張っていけます。

それに対してAやDは、すでに高い水準にきている分、予算（計画）未達成になる可能性があり、かつ4000万円とリーダー以上に売り上げている彼らは、恐らく1年目は新人のリーダーに対し従順になれないでしょう。これは避けるべきです。

AやDは、チームを持って5年経っているベテランのリーダーに面倒を見てもらうべきです。彼らのような、やり方によってはもっと稼ぐ人間や、成績の水準は高いがちょっと業績が落ちてきている人間は、ベテランに「お前の力で見てやってくれ」と委ねるのがセオリーです。逆に新人リーダーには、1年目からこのような負担をかけないほうが得策です。

◉チーム・ビジョンを立てるクセをつける

リーダーになって初めてチームを率いる際には必ずビジョンを掲げる、というクセをつけることも大切です。

「私のチームのビジョン」を全員の前で発表させます。たとえば、3年計画で自分のチームをどのようなチームにしたいのか、メンバーにどうなってほしいのかを、3年後までの青写真にして、「チーム3年計画」として発表させます。

チームビジョンを考えるときのポイントは、守りに関することを意識させないことで、新人1年目は攻めに徹したチームビジョンをどこまでつくれるかという点に重点を置かせます。

「若さ」のすばらしい点は、その「体力」と「行動力」です。ともすると失敗を恐れて、今までやってきたことの延長線上でチーム運営を考えようとしがちです。チームビジョンの作成にあたっては「現状改善30％、将来ビジョンへのチャレンジ70％」くらいのバランスで、将来の可能性を求めて攻めに徹したプランになるようサポートすることです。

新人リーダーについてくる若いメンバーにとっては、リーダーにビジョンがあるなしで、かなりムードは違ってきます。新人リーダーには経験も実績もありませんから、リーダーの能力はメンバーにもはっきりわかりません。「チーム3年計画」などのビジョンは、ある意味で選挙の公約のマニフェストみたいなもので、それがあって初めていったチームリーダーについていって頑張ろう、という具体的気持ちも生まれてきます。

◉上からテーマを与えられるだけのリーダーなら不要

一般の企業では、会社の組織編成に基づいて「このたび、営業○○のリーダーにAさんがなりました」ということで、上から業務命令的にスタートするケースが少なくないようです。実はそこに大きな問題があります。チームとして何にどうチャレンジするかを、リーダーが主体的に考えるチーム運営が大事なのです。

社内に10年も20年もチームリーダーをやっている人がいて、十年一日のやり方で何も変わらない状態のところに、新任リーダーが同じようにチームをつくる意味はありません。

自立したリーダー、自立したチームにしようというのであれば、これまでのやり方や既存の組織は白紙にして（あるいは別ものとして）、自立したリーダーに自立したチームのテーマ、目標などをつくらせなければなりません。

新任リーダーも、「ポストと給与が上がっておめでとう」と言われて喜んでいる場合ではありません。従来どおりのことを言われるままにやるリーダーであれば、ほとんどの会社でリーダーなんていらないはずです。

めざすべき新チームは、新たなリーダーのもとで、メンバー3～4人が協力態勢を組み、従来の枠を取り払った高いベースで、それまでできなかったものに挑戦するとか、あるいは、よりお客様に近いところで新たな試みをやるなど、「おれたちの方向性はおれたちが特徴づけする」ぐらいのスタンスを持つ必要があります。チームリーダーにそれを考えさせ、それをスーパーサポーターがバックアップしていく、という形で会社全体が後押しする体制が求められています。

リーダーがつくったチーム・ビジョンは、新たなチームリーダーを全員集め、全社員の前で発表させます。そうすると、今まで会社でやったことがないようなプランを見た他チームの若くて優秀な人が、「あんなことをやるんだったら、おれもあのチームに入って頑張ってみたい」と、参加を希望してくることになります。それが先述の「お見合いローテーション」につながるわけです。

こうした動きが社内に定着してくると、会社によっては人材の採用にまで踏み込むことになります。たとえば、うちのチームとしては、このようなことをやるためにこのような人材が欲しい、ということをリーダーが会社にリクエストしてきます。採用は最終的には役員レベルで決めるとしても、採るべき人材のリストアップができるわけです。

業種的にフレキシブルなものが求められる企業とそうでないところで温度差はあるでしょうが、社員の自立化を切実に求める企業は、そこに踏み込んでいかざるをえないはずです。

◉会社の〝同根〟を共有させる

ここまで、自立した人間が独創性を発揮してチームプランをつくり、伸び伸びと活躍するという理想的な姿をイメージしてお話ししていますが、一方では、組織人として絶対に外してはならないこともあります。

優秀な人間ほど異才を放つわけですが、会社組織というのは、自立した社員が自由気ままに動き回るばかりでは、とんでもない方向に飛んでいきます。集団組織である以上、紐がついていない状態にはできません。

社員の自立が早い会社というのは、自由度が高い会社とほぼイコールですが、自由度を高めるということは、一方で基本的に押さえておかなければならない部分を明確に認識させておく、ということでもあります。押さえておかなければならない会社の基本部分とは、会社の〝同根〟と表現してもいいでしょう。

自立とは、会社の〝同根〟を明確に認識することとイコールであって、それによって初めて個性豊かな異能な人材による自由度の高い動きが可能になるのです。つまりは〝同根異才〟ということです。

若手は上司や先輩の行動を見て育つ、といいます。ところが現実には、その上司や先輩が会社の理念やルールを知らない、あるいは正しく認識していない会社が意外に多いものです。会社として、若いうちから理念やルールといった〝会社の同根〟を身につけさせ、共有させることが大事なのです。

中小企業の場合〝同根〟とは、一つは社長の考え方であり、さらには会社のルールということになるでしょう。社長のトップ方針や会社のルールというのは、たくさんあってもよくないのですが、最低限なければならないものです。

数は少ないほうがよいでしょうが、その最低限の基本方針とルールをしっかり頭に入れておかなければ、逆に組織人として自由な活動はできないはずです。

◉変化する社長の考えを知るための架け橋を

トップ方針とか会社の方針・ルールというものは、中小企業では社長中心にでき上がっているはずですが、人間である以上、また企業が変化対応を迫られる以上、その考え方は変化します。トップの言うことが絶えず変わる場合もありますが、人も企業もときとともに成長するのが当然で、5年も経てば新たな方針・ルールが原則になるというのが、むしろ正常な状態でしょう。

要である社長の考えが変わるということは、絶えず社長との距離感を近づけて、今、社長がどのようなことを考え、どのようなルールのもとでやろうとしているかを知る必要があります。とくに新人リーダーには、経営トップとの距離を近づける場づくりというものを意識的に提供してやらなければなりません。それも、スーパーサポーターの重要な役割の一つです。

社長との架け橋づくりについては、前章で「社長室ラウンジ」などを紹介しましたが、現場を預かる若手チームリーダーは社長との接触点がつくりづらい位置にいます。たまに集合研修などをしても、会議形式では見えてこないものがたくさんあります。社長との距離をフランクに詰めるような、オフタイムを利用した社内ラウンジなどの手だてを準備してあげたいものです。

中には社長を避ける人もいるでしょう。優秀なリーダークラスでもそのようなタイプがいて、社長とは話をしたくないと、何かと理由をつけてその場に参加しない人が1人や2人はいるものです。そのように社長を避けるリーダーは、やがて成長が止まるのが普通で、放っておくと〝同根〟を外れてどんどんおかしな方向に進みがちです。

それを避けるにはきっかけをつくってやることが必要で、それまでこなかった者が、上手に誘ってやってようやくくるようになった、というケースもあります。いったん距離を縮めてやると、意外にスンナリと対話に溶け込むことが多いものです。

◉新人リーダーを管理好きにさせない

一般にリーダーになると〝管理好き〟になる傾向があります。

初めて部下を持つと気合いが入って、部下に対して、あれをしてやりたい、これもしてあげたい、と考えてしまいます。あるいは逆に、あれはするな、これはするなと指示を出さなければならないと思いがちです。

「管理とは怖いもの」、「管理好きになってはいけない」ということを、しっかり教えなければなりません。

リーダーというのは最初から「管理者」になるのではなく、新任リーダーはまず「サポーター」になるのだということを教えることが大切です。サポーターとして自立した人でないと本物のマネージャー、つまり管理ができる人にはなれないのです。とりあえず新人リーダーは、3年間でサポートの達人＝スーパーサポーターになるよう努力することを共通テーマにするべきです。

ところが日本の会社組織では、このようなスタイルになっていないから問題です。それが社員の自立化を邪魔する要因にもなっています。キャリアを積むと、現場で個人の実績を中心に評価されて役職がつき、そろそろマネージャーに、となって管理をし始めるというのが現実です。

管理者＝マネージャーというのは、本来は会社を守る人です。したがって、エセ管理者はむやみと人を管理しようとして弊害を起こしますが、本当の管理者にとって、「人」は直接の管理の対象ではありません。

管理者＝マネージャーとは、会社を守るための「お金の管理」、「リスクの管理」、「ルールの管理」、「会社理念の管理」が主要な仕事になります。

「お金の管理」とは財務・税務のプロとしての仕事、「リスクの管理」は法令遵守や企業統制など企業に降りかかる多様なリスクを防御するリスクマネジメントのプロとしての仕事、「ルール管理」は社内諸規則や規律の遵守・運用の仕事、そして「会社理念の管理」は経営理念の徹底や社長の考え方を周知することなど、これまたプロとしての仕事です。

したがって「人事管理」という言葉がありますが、これは誤った使い方といっていいでしょう。人は管理をする対象ではないはずです。誰が何をやって、何ができていないかということは、本来的には「管理」するべきものではなく、サポートすべきものなのです。

唯一の例外は、いわゆるダメ社員を甦らせようとするときだけで、前述したように、ダメ社員をサポートしようとしても彼らは自己管理ができないため、結局は自分で決めたことを自分でできない、すぐに逃げる、ということになってしまいます。そこで、サポーターが自己管理できない本人に代わって、ある意味では強制的に管理をしてやる必要が出てきます。一つひとつチェックをして、「この間、ここをこうすると言ったじゃないか。またできていないんじゃないか」と指摘しながら一緒になって直してやるというように、ここでは例外的に人を管理することになります。

それ以外は、とくに元気な人間に中途半端な上司があれこれ管理的なちょっかいを出すのはやめるべき、ということです。

◉社員の金銭不正は情実に流されず厳格に

ルールを破ってお金を動かしたとか、社員が不正でお金をくすねたとか、人の動きがお金に絡んで出てくることがあります。

お金の問題も背景には必ず人が絡んでいるわけですが、問題は、人の行動を押さえるのではなく、あくまでお金を管理するという発想に立つべきです。この場合も、お金の取り扱い基準によって粛々と厳正に処理し、またその基準自体のチェック・点検をするべきです。

少し脱線しますが、会社のお金をちょろまかすという話はどこの会社でも起こりうることです。100円でも1000万円でも、やったら一発で解雇するぐらいの厳しい基準をつくっておくべきです。一回事故を起こした人間は、必ず繰り返すからです。

なお、会社の規模にもよりますが、これら管理（マネジメント）のレベルになると、その具体的な仕事内容については現場の人はほとんどわかっていないはずです。スーパーマネージャー（管理者）である取締役が何をしているか、当然経験はないし知る機会もありませんから、わからないのは当たり前です。

そのため、現場のリーダーがつい、「管理」というものを誤解してしまうのかもしれません。

余談ですが、前述の四つの管理の仕事も、今日ではプロとはいえない危なっかしい中途半端な管理者が多く、それがもとで数々の不祥事や企業犯罪を惹起しているというのが、残念ながら目下の現状なのです。

7章

平等主義では「スーパーサポーター」は育たない

1 「これは」という人間にはエリート教育を

◉豊かな才能も画一的教育で色褪せる

ここからは、自立社員革命に重要な役割をはたす「スーパーサポーター」はどのような環境から育つのか、という問題です。

まず第一のポイントは、エリート教育の必要性です。

今日、間違った平等教育が個人と企業の活力、ひいては社会の活力を奪っているように感じます。人材の育成は、歳をとってからでは手遅れです。若いうち、それも会社に入ったときが勝負です。入社１年、２年目でリーダーとして必要な教育を早いうちに施すことが肝要です。

一般には、その一番大事な時期にスキル教育をしています。極端にいうと、スキルしか教えないわけです。本当にリーダーを育成したかったら、入社1年目から、その人の個性を引き上げる教育が不可欠なのです。

ただ、10人が10人に対してその教育をする必要はありません。これはという個性や能力を持った人に対して、入社1年目から必要なエリート教育の場を設けるべきだということです。

マキノ正幸氏は、出身は京都ですが沖縄アクターズスクールを設立し、校長としてユニークなタレント養成スクールを仕掛けた人です。祖父は日本映画の父といわれる牧野省三、父は映画監督の巨匠マキノ雅弘、母は女優の轟夕起子、いとこに俳優の長門裕之、津川雅彦などがいます。

スーパーモンキーズ、安室奈美恵をはじめ、MAX、SPEEDなど多くのアーティストたちを育てて一躍脚光を浴びた人物で、スーパーモンキーズのリードボーカルでデビューした安室奈美恵の才能を逸早く見出し、当時小学生の安室を熱心にスカウトして授業料免除の特別待遇で入学させたという逸話もあります。

本人にお会いした際、

「なぜ、こんなにも才能豊かなタレントを沖縄の地から輩出できるのか」

と聞いたところ、彼はこう答えました。

「人間というのは、もともとその人に合った能力・個性を持っているが、歳をとってからその能力などを伸ばす教育をしても手遅れである。いわゆる天才というのは早い時期にその個性を伸ばしてくれる環境や仕掛けがあって、そういう教育を受けた人だ。一方、日本の学校教育というのは、文部科学省の画一的な、社会に出ても役に立たないことばかりを平均的に教えて、せっかく才能を持って生まれてきた子供のモチベーションを下げて才能を腐らせてしまっている。それを社会に出てから、一から教育し直しても天才などは生まれない。学校教育に害された人間を社会に出てから再教育しても、まともなタレントはつくれない」

そこでマキノ氏は、3歳から小学生くらいまでの子供のための学校をつくって、次のように教えているのです。

「スタジオの鏡の向こうにいるお客さんをイメージして踊りなさい」

「自分のためではなく、人のために踊ろう」

「できる、できないではなく、やりたいかどうかをいつも確かめよう」

「やりたい気持ちが本当なら、きっと仲間やお客さんを集めるエネルギーが出せる」

と1対1で歌や踊りを教えて、驚くような成果を出しているわけです。

これは企業リーダーを養成するときのスタンスと、実は同じです。

「毒される前にその人の個性を伸ばしてやれ」ということは、既存の価値観に毒される前の入社1～2年目に個性を引き上げる教育を施してやろう、ということです。それも、全員に同じように教育する必要はないわけで、将来スーパーサポーターなどになれる個性や能力を持った人に対しては、積極的に入社1年目からその人に合った教育をする場があっていいということです。むしろそれをやらないと、せっかくの人材もいつの間にか色褪せて、活力が失せてしまう結果になります。

◉特別コースの「社長道場」

私は、27年前に船井総研の前身の日本マーケティングセンターに入社しましたが、当時、社長の船井幸雄がやっていた新入社員のための〝特別コース〟がありました。毎年、新人に社長車の運転手をさせるというものです。1年から1年半が任期でしたが、幸運にも私もそれを拝命しました。

社長車の運転をするということは、まず社長の船井の家の近くに住まなければなりません。道を一本隔てたところに寝起きして、自分の仕事もしながら、社長の船井が移動するときには社長のスケジュールを優先して、車を運転して一緒に動くという毎日です。

入社したての新人が、くる日もくる日もトップと顔をつき合わせて行動をともにするという、まさに「社長道場」でした。

社員数が多くなるにしたがってこの制度はなくなりましたが、これを体験した人間は私を含めて合計7名いて、1人の例外を除いて、私を含め6名は役員になっていますから、かなり高い確率です。

正直いって、入社したときの私は人一倍能力のない人間でした。考え方のスタンスも、特別に「こんな人になるぞ」という高い意識を持って入ってきたわけでもありませんでした。ただ、一つだけ私に味方するものがありました。それは運です。つまり、この「社長道場」の制度に引っかかったということです。私の人生はここで大きく変わりました。本当に幸運でした。

船井社長の運転手を務めた約1年半の間に、私は数え切れないほどの教訓を得ました。今も心にグサッと刺さっているものの大半は、そのとき船井から直接教わったことばかりです。

まず一つは、人間の分とレベルということを知りました。それまで私は、人は平等だと思い、また自分はそれなりの人間だと勘違いしていました。しかし、人としてのレベル、経営者としてのレベルというものが間違いなくある、ということを思い知らされました。

当時から船井は社長であると同時に、日本を代表する経営コンサルタントでしたから、車を運転していって会う人のほとんどが、当時、日本経済を動かしているようなトップクラスのリーダーばかりです。そういう人たちに会い、また運転中に社長から話を聞かされるなかで、いつかは自分が成長して、これぐらいのレベルの人間にならないと恥ずかしいと思うようになりました。

また、日々こうした人たちとお会いする中で自分ももう少し努力すれば、こうした人たちの仲間入りができるかもしれないと思うようになりました。人間とはおもしろいものです。どんなに大きなレベルの差があっても、いつも一緒に行動していると、その考え方が伝播してくるように感じられます。

◉身についたレベルとスタンスの重要さ

また、勉強のレベルというものもあって、1日に読む本の量についてもレベルがあることがわかりました。

たとえば、船井幸雄が出張から戻ってきて、夜、空港に私が迎えに行くと、いつも空港内の小さな書店に直行するのが慣例でした。その書店には、ビジネス書がわずかしか置いてありませんでしたが、その中から3分ぐらいの間にパッパッと3～4冊をいつもまとめ買いします。購入するのが驚くほど速く、恐らくタイトルなどはあまり見ていないはずです。そのまま買って私の運転する車に乗ります。

実はここからが驚きで、まず家に着くまでの30分ほどの間に1冊読み終えます。家に着いて10時に寝るまでにまた1冊読みます。これは私は見ていませんが、ご本人の言です。翌日は早朝5時くらいに起きて、また1冊読む。したがって3～4冊買っていくと、翌日の出社までにはすべて読み終えている、というわけです。

30分かそこらで1冊の本が読めるのには理由があります。人と同じように読んでいたら同じようにしか読めないわけで、

「本をたくさん読むには速読の技術を勉強しなさい」

というのです。まさにレベルが違いました。

これを言葉で言われるのではなく、目の前で日常的に繰り広げられることで、否応なく学ばされます。と同時に、いかに自分が力がないか、何も考えていないかということを思い知らされます。

その結果、「これではまずい」、「自分はどうなりたいのか」ということを1年間真剣に考えさせられ、以降、現在の私の生き方や仕事のスタンスにつながっているよう

に感じます。

それまでを振り返ると、なぜ仕事をするのか、自分は将来どうなりたいのか、といったことは親も教えてくれなかったし、学校でも教えてくれませんでした。会社に入って仕事に就いても、恐らく誰も教えてくれなかったはずです。それがたまたま、そのような環境の中に置かれて、私は運よく実感することができました。

もし、その経験がなくて1年、3年、5年と普通にスキルだけ身につけていたら、おそらく自分の人生はかなり違ったものになっていたはずです。

ここでいいたいことは、すべての社員に画一的にスキル教育ばかりやっていたのでは、リーダーとしてのまともな人材は育たないということです。とくにスーパーサポーターの育成プロセスというのは、一言でいえば「平たくやるな」です。できるだけ早い時期に、力のある人とのマンツーマンの教育の場、トップから直接学ぶ〝道場〟のような場を与えるべきです。

とくに中小企業というのは、人材の質が均一でなくムラになりがちです。ときどきすごい人がくるが、後はその他大勢というケースが多いようです。そこで、顧問先の社長さんなどには、「勘のいい新人がきた、というときは絶対に他の人に任せないように」とアドバイスしています。

どうやって社長の近くで勉強させるかを考えることが大事で、もし社長がどうしてもムリなら、社長が最も信頼できる人間に預けることです。

よく中小企業の社長さんには「あなたの息子が入社してきたらどうするか。それと同じに考えることですよ」ともいっています。

一人ひとりの才能、個性を大事にして、それに合わせた育て方と活かし方を実践することが真のリーダーをつくります。

2 船井幸雄から学んだ新人リーダーのための5ヶ条

◉【その1】〝失敗なくやる〟ことよりも、〝活力を持ってやる〟をモットーに

リーダーの仕事というものは、自らが過去に取得したスキルと実績だけでは乗り切れない仕事です。

リーダーとして大事なポイントを要約すると、次の二点になるでしょう。
①リーダーとしての考え方の軸を持ったうえで、能力ある人の力を活かすこと
②未来に向き合うスタンスを持って、部下にビジョンを示すこと
それを前提に、リーダーとして部下にしてあげることはただ一つ、

「自分のやりたいことを思いきりやらせてあげる」

ということです。船井幸雄から学んだことは、実にシンプルです。

リーダーになると気合いが入りすぎ、空回りを始めるケースがよくあります。自分中心になり、指示をどんどん増やしていくパターンだけは避けなければなりません。

「会社のルールを守りなさい」という規制が先行するのもよくありません。アレをやったらダメ、コレをやっちゃいかんといわれれば、誰だって萎縮します。その結果、自立心のない集団になるのがオチです。

やりたいことができる環境づくりのコツは、リーダーが各自の「やりたいこと」をサポートすることで、まずは一人ひとりに「自分のやりたいこと」を考えさせることです。

多少重複になる部分もありますが、そのポイントをまとめると次のようになります。

① 全員で「私のやりたいことリスト」をつくる

②一人ひとりの「やっていいこと」を全員でワイワイ言いながら決める
③（やりきったときの）ご褒美を決めておく（軽いノリで）
④「私のチャレンジ」を全員に公開する

ポイントは、失敗なくやることよりも活力を持ってやること、にあります。最近の若い創業経営者とお話ししていても、「この仕事を思いっきりやってみたかったから起業した」という人が増えています。

成功経営者の多くは、「最初は好きで始めた仕事だ」とおっしゃいます。リスクがあっても、また将来苦難が予想されても、「この仕事をやってみたい」という思いが道を切り拓くのです。

◉【その2】部下の冠婚葬祭への積極参加が部下との距離を詰める

リーダーとして部下に伝えたいことはたくさんありますが、伝える内容よりも、それをうまく伝えられる関係ができているかどうかが重要です。できるリーダーというのは、あらかじめ伝えられる関係づくりをしっかりやります。関係づくりがうまいのです。

とくに新人リーダーには若い部下がつきます。若い部下は仕事も私生活も悩みをたくさん抱えていて、自分1人で悩みを解決しようとしてもうまくいきません。

実は、仕事そのものの悩みは意外に少ないものです。家庭のことで悩んだり、両親とのトラブルなどで悩むケースが多く、それが仕事とからんできます。そもそもの原因は仕事ではなく、プライベートの悩みから始まっているというケースが多いだけに複雑です。

リーダーはからみ合った問題を上手に整理してやり、仕事に集中できるようなアドバイスを与えなければなりません。

ただ、部下からは個人的な問題についての相談を持ちかけられることはありません。向こうから言ってこないからこそ、リーダーからキッカケをつくってやる必要があるのです。

若い部下との距離を縮めるコツは、部下と家庭ぐるみの関係を持つことです。リーダーが自分の家庭に招いたり、相手の両親や奥さんに会ったりすることで部下も安心し、互いの距離は縮まります。近年、最近の若い部下はドライな関係を好み、こうした関係を好まないとの意見もありますが、決してそんなことはありません。

その象徴が結婚式やお葬式などの冠婚葬祭です。そういう折には積極的に出席して、部下の私生活をサポートする思いやりが重要になります。

船井幸雄は、それを意識してやっていました。会社がまだ小さかったころは社員の結婚式に積極的に出ていて、私自身も船井に媒酌人をしていただきました。船井は「僕が仲人したら離婚しないんだ」と言って、身近にいる人の仲人を積極的に引き受けていました。

仲人までしてもらった人が会社の社長だと、嫌でも愛社精神が湧くもので、よほどのことがないと辞められません。社長として、「こいつはものになる」と思った社員に対しては、積極的にこうした関係を持つのも一法です。

とにかく、将来の幹部に育ててみたい人、可能性を秘めた部下ほど、深い関係を積極的に結ぶように心掛けることもリーダーには必要なことです。

◉【その3】欠点を指摘するより褒め殺せ

部下に対しては、「欠点を叱るより褒め殺すほど褒めろ」というのが鉄則です。

「君はこの点がダメだ。こんなことも、あんなこともあった。教えてやらなきゃならん……」と指摘するのがリーダーの務めだと思っている人が少なくないようですが、これはほとんど効果がありません。

欠点を指摘して効果があるとすれば、自分で治し方がわかっている人か、あるいは相手を本当に治してあげようという特別に強い気持を持っていて、お互いかなりの信頼関係があるときにかぎられます。

自分で治してあげる気持ちもなければ、治せるほどの能力もない人が、「あれもこれもできていない」と指摘するだけで治るわけもなく、ただ元気をなくさせてつぶすだけです。もっとまずいのは、人はあれこれと指摘する相手を嫌いになることさえあることです。

大事なのは気持ちですが、ただ「褒め殺し」の手法は、難しい気持ちは必要ありません。「気持ちがあってもなくても褒め殺せ」というわけです。

「褒められると図に乗る」というのがありますが、どんなに図に乗る人でも、10回褒められたら1回くらいは図に乗らないときがあるものです。そのとき、その1回をまた褒め殺すのです。

「君はすばらしいなあ。これだけ褒められたら図に乗って天狗になるのが普通なのに。君はすばらしい」

つまり、〝逆から攻める〟テクニックです。

いつも、部下に怒ってばかりいる中間リーダーに対しても、部下に優しく接したたまたまのケースを見つけて、それを褒め殺してあげる。それもそっと、こう言います。

「こんなに優しいのに、誤解してる人もいるしねえ」

これでこのリーダーは、きっと優しいリーダーに変わるはずです。

思わず「うまいなぁ」と唸ってしまうこのテクニックは、実は船井幸雄から学びました。というより私自身、かつて船井にこれをやられました。

錚々たる経営者たちがいる前で、「彼はまだ若いけれど、この件についてはとても優秀なんですよ」と私を褒めちぎったのです。しかし実際は、どう見ても優秀といえるほどのものではありませんでした。

それはつまり、「こういうふうに今日は君を紹介しておくから、そうなるように努力せよ」という暗黙のメッセージだったのです。

部下の欠点などをストレートに治そうとしても、簡単にできることではありません。そんな難しいことに踏み込んでいかなくても、本人をその気にさえさせればいいわけです。それがまた、最も有効かつ本質的な直し方になります。それが褒め殺しのテクニック、つまり長所伸展のコツなのです。

コンサルタントの仕事も同じところがあります。たとえば相手の会社の社長に、会社の問題のある部分で少しだけよい部分を探し出して褒め上げるのです。頭ごなしに欠点を指摘されるより、ずっとスムーズに改善につながっていくようです。どんな方法でも、気づいてくれれば大成功です。

人間でも何でも、逆の面が必ず一つや二つはあります。それをタイミングよくつかまえるのがコツです。ただし、褒めるときは徹底して褒めることです。中途半端に言葉を濁したりすると、かえって強烈な皮肉になって相手をひどく傷つけ、恨みを買う結果にもなるので、その点だけは要注意です。

◉【その4】リーダーは、いつもニコニコで〝温顔無敵〟

誰もが船井幸雄に抱く第一印象は、「何ともいえないにこやかな笑顔」です。

私は船井から、「君は人相がいいね」と言われたことがあります。「人相がいいとはどういう意味ですか?」と聞いたところ、

「いい人相とは、一つはバランスのとれた顔、もう一つは笑顔だ」

という答えでした。

私には顔の左右のバランスがいいという意味で言われたようです。同時に君には笑顔が足りないというメッセージも含めていたのでしょう。その点、船井は、いつ見ても満面の笑みです。

あるセラピストの方のお話によると、笑顔は人間にしかできない表情筋の働きによ

ってつくられるとのことです。確かに、笑う犬や笑顔を振りまく猫はいません。笑顔こそ、人間に与えられた最高の産物なのです。

上司の中には、必要以上にプレッシャーや不安を与える人と、安心感を与える人がいます。船井は確実に後者で、困った様子の相手を見ると、いつも笑顔で「大丈夫、大丈夫」と言い、「これは僕の問題だから」、「僕が何とかするから」と言って、最後にはそのとおり責任を取ってくれます。

私もこういう上司になりたい、と思ったものです。

「生まれたときから笑っていたんじゃないか?」と思ってしまうほどで、怒った顔は見たことがありません。実は怒っているときもあるのですが、笑顔で怒っているのです。頭から湯気が出るくらい怒っているのに、顔は笑っているという状態です。

本当に難しいことですが、少しでも見習って、常に笑顔を保つようにしたいものです。いつもニコニコしているリーダーは〝温顔無敵〟です。

◉【その5】相性をよくするコツは相手の短所を見ないこと

人間同士の相性は、とても大事です。

相性が悪いと、自分の伝えたいこともまともに伝わりません。その点、船井幸雄という人は、誰とでもすぐに友だちになれる人です。「30秒で友だちになれる」といいます。

嫌いな人がほとんどいないということなのでしょう。つまりは、多くの人と相性がよいのです。

その秘密の一端は、船井はどんな人を見ても長所しか見えないそうです。

「足りているところ」を見つける能力とともに、「足りていないところ」を見ないという能力も、リーダーには重要なのです。それが、相手の持っている能力をストレートに認める能力ということになるのでしょう。

仕事ができる人はとかく能力がアンバランスなものですが、短所さえ気にしなければ、そういう人とはすばらしい仕事ができます。そうしたリーダーシップの範囲の広さは、いろいろなことにいつも興味を持っていて、常に相手の足りている部分にそれを合わせられるかどうかです。

優秀な部下の中には、仕事はできても大きく欠けた部分もあるという人が少なくありません。優秀な人ほど、他人に認めてほしいという願望が強く、そうした態度がつい鼻について、ムキになって欠点を探し批判したくなりますが、そちらに目を向けてしまっては相手と同じレベルに落ちてしまいます。

相手が褒めてほしいところを見つけて、それをクローズアップして褒めてあげることで、2人の相性はさらによくなります。

8章

経営トップのスタンスがカギを握っている

1 社長が改革の引き金を引けるか

◉改革遅れは、もはや待ったなし

今、地方の企業の多くは取り残され、疲弊している地方が増えています。とくに地方の商店街はギブアップ状態で、わずかに活力の残っていた店も数年前に立地のよいロードサイドに出てしまっています。

しかし地方のロードサイドも、小売業の看板を見ると7割方は大手ナショナルチェーンのもので、地元企業の看板はほとんど目立ちません。ナショナルチェーンの看板は地面から高い位置についていて、ちょっと車で走っただけで目につくのに対して、地元企業の看板はおしなべて低い位置についています。地元企業は、それだけいろいろな意味で改革が遅れているということを看板ひとつから感じます。

一方、都市部の流通業を見ると、そのナショナルチェーンも厳しい戦いを強いられています。外資系企業が次々に進出してきて、国際化、グローバル化の流れに対応できなければ、ナショナルチェーンといえども地方の商店街と同じように淘汰される、というのが目下の現実です。

ＢｔｏＢの面でも、とくに官公庁や大手企業の下請け的な仕事をやってきた企業は、全国的にダイナミックな改革を迫られています。その改革要求を飲めないと取引先から外されるということで、今やＢｔｏＣの流通だろうがＢｔｏＢビジネスだろうが、これまで「改革」に遅れをとってきたところが、生き残りのための抜本改革を、待ったなしで迫られています。

では、何を改革し、企業を活性化するかということですが、私自身、経営コンサルタントとして会社の経営改革を依頼され、毎日のように現場に足を運んでいますが、一言でいって、改革が遅れている会社の活性化は一筋縄ではいきません。

まず、実態を把握するために経営トップに実態を聞き、可能なかぎり多くの社員の方々に直接意見を聞きます。

「今、どのような状況ですか？」

「何が問題だと思いますか？」

と現場の人に聞くと、１００人が１００人、

「このままではいけない」

「今のままでは、うちの会社はダメになる」

と、改革が遅れている会社ほど、口を揃えていいます。

では、何をやるべきかを聞くと、それに対してもそれぞれに意見を述べます。

「うちの会社はここが問題だ」

「これを早急にやるべきだ」

「じゃあ、あなたはやっていますか？」と聞くと、「私はやっていませんが……」という答えが返ってくるのは、これまたどこの会社も同じです。

このままではいけないという危機感をみんな持っているし、アイデアも持っている。でも、いっている自分自身を含めて誰も何もやっていない、というのが改革の遅れた企業に共通する現場の状況です。

◉改革の引き金を引く人間がいない……

結局のところ、誰もが改革は必要だと思い、やらなければならないと考えていてアイデアもあるけれども、「改革するぞ！」と引き金を引いてくれる人の登場を待って

いるのです。

そして多くの場合、現場の人は、

「うちの社長は頼りない」

という感想を持っています。あるいは、

「うちの社長は、現場で起こっていることを知らない」

「現場の情報が耳に届いていないようだ」

とも言います。社長がリーダーシップを取らないのは、「現場をよく知らないから」というわけです。

ところが、社長にそのことを伝えて直に話を聞くと、実はほとんどのトップは会社の実態をよく知っています。

現場の人より現場のことをより大きな視野で押さえているのは、間違いなくトップです。

では、そのトップ自身の見方はどうかというと、

「みんながやろうとしない」

「やる気のある社員がいない」

という社長が実に多いのです。

変な話ですが、改革が遅れている会社ほど、現場は社長が引き金を引いてくれないと考えている一方で、トップ自身は、改革も社員の活性化もやらなければならないと思ってはいるが、現場にその気がないからできない、と考えているのです。

結局、引き金を引く人が誰もいないため改革が一歩も前に進まないというのが、改革待ちの会社の共通点なのです。

いうまでもないことですが、ダイナミックな改革を進めるには、社長を筆頭に、現場に立脚して改革の引き金を引けるリーダーがいるかどうかがカギになります。その第一はもちろん社長であり、ほとんどの場合、社長が腹をくくって先頭に立って号令をかけるかどうかにかかっているのです。

2 〝思い違いリーダーシップ〟は活力を吸い取る

◉ワンマン社長が陥る大きな誤解

経営トップのリーダーシップが、一方では〝思い違いのリーダーシップ〟になっている例も少なくありません。会社は、個性の強いワンマン社長のカラーにはとことん染まってしまうということです。

トップのリーダーシップについて、かのピーター・ドラッカー氏は著書『未来企業』の中で、こう書いています。

「リーダーシップは重要である。だがそれは、いわゆるリーダー的資質とは関係ない。カリスマ性とはさらに関係がない。神秘的なものでもない。平凡で退屈なものである。カリスマ性でも資質でもないとすると、リーダーシップとは何か。第一に言えることはそれは仕事だということである。効果的なリーダーシップの基礎とは、組織の使命を考え抜き、それを目に見える形で定義し確立することである。リーダーとは、目標を定め、優先順位を決め、基準を決め、それを維持するものである」(『未来企業』P・F・ドラッカー著・ダイヤモンド社刊)

経営トップがはたすべきリーダーシップというのは、決して派手で誇らしげなものではなく、地味な下支えの仕事で、まさに「平凡で退屈なもの」だとドラッカー氏は述べているわけですが、世の経営者には、その逆を行なっている場合が実に多いのです。そして、その社長もまた、社員の活性化・自立化は人一倍渇望しておられます。

ある中堅サービス業の例を紹介しましょう。

その会社は現社長が創業して順調に成長してきましたが、年商100億円を前に少し足踏みしている状態です。それだけに、社員の活性化・自立化に目下躍起になっています。

その会社に行ってまず驚くのが、本社のある大きなビルのワンフロアが社長のスペースになっているうえに、その階にある広いトイレスペースまで社長専用になっていたことです。訪問客がそのトイレを使おうとすると、社長秘書が飛んできて、

「お客様、すみませんが、こちらのトイレは社長専用になっておりますので、ちょ

っとご遠慮いただけませんか」

と言います。

社長以外の人間は他の階のトイレを使うのが決まりになっているとのことです。一事が万事で、社内の雰囲気は何となく押し殺されたような不思議な空気が漂っています。

しかも、周りの社員による社長の呼び方が常識では考えられません。「社長」と呼ばせず、「おやかた様」と呼ばせています。聞けば、社長が織田信長を信奉していて、信長のようになりたいということから、信長が家臣から呼ばれていたのと同じように「お屋形様」と呼ばせているとのことでした。

そして社長自身は、

「うちの会社は、なぜ年商100億円で足踏みしているのか。どこが悪いのか?」

と頭をひねっています。

この企業はいうまでもなく、社長自身に問題があります。超ワンマン、超トップダウンで、人の話は聞かないうえに社員の自立性の芽も摘んでしまっているわけです。そうした空気を全社員がはっきり感じています。

ところが、社長自身のいい分としては、

「年商100億円に手が届くまできて、利益も出ている」

「ここまでおれのやり方できて、世間が認めるビジネスモデルを構築している」

「社員はみんなわかってくれている」

と、絶対の自信を依然として持っています。

事実、業界では好調企業で通っており利益は出ているため、その自信もうなずけます。その自信を背景に、「おれのことを社員はみんなわかってくれている」と社長は考えているわけですが、実はそこが大きな誤解なのです。

◉トップが「裸の王様」になったら活力は急降下する

創業当時から一緒に頑張ってきた人なら、社長がどのような性格の持ち主で、どういう心持ちで行動しているかがよく理解できるでしょう。社長をどのように呼ばせようと、わかってくれるかもしれません。しかし、年商が100億円ということは、もうすでに同志的な人間ばかりであるはずがありません。

社員数の少ない頃は、性格がワンマンで仕事のやり方がトップダウンでも、仕事を離れれば1対1で話をして、「お前のことは面倒見るぞ」などとやり合ったはずです。周りも社長との距離が近い者ばかりです。しかし、会社が一定の規模になってくると、とくに最近入社した人などは、そのような基盤はほとんどありません。社長の性格や心持ち、独特の仕事のスタンスなど、わかるはずがありません。

だいたい、年商100億円が壁になるというのは、新しく入った人たちが社長のことを理解できなくなるところから始まります。ましてや、社長自ら誤解を受けるようなことを次々にやっていては、社員の気持ちは離れるばかりです。

そんなことは常識的に考えればわかるはずですが、なぜか企業のトップが陥ってしまう罠です。古くからいる社員も新しい社員も災いを避けるように口を閉ざして、専用トイレの件も呼び方の件も、怖くて意見一つ言えない状況になってしまうのです。

そんな〝裸の王様〟化した中で、社員がどう育つかは容易に想像がつきます。どんなに会社として教育に力を入れて施策を考えても、真面目に会社のことを考える社員ほど活力はスポイルされるばかりです。

すると、ますますトップは社員の活力不足と意欲不足に不満を募らせ、いっそうの活性化・自立化に躍起になりますが、大もとである経営トップのスタンスを改めないかぎり、立ち直りは不可能です。内外の耳の痛い忠告に謙虚に耳を傾けて、自分自身のズレにまず気づくことが必要です。まさに経営者としてのギアチェンジが求められているのです。

よく「不況期創業」といって、厳しい時代に創業した会社は強いといいますが、それは不況時に会社を立ち上げた草創期のメンバーの結束が強いからです。ところが、そのメンバーの結束も手にした成功体験も、会社が大きくなるにしたがって、いずれは通用しなくなるときが到来します。

新しい人がどんどん増えてきたにもかかわらず、従来どおりの単純なトップダウン型のリーダーシップを取っていると、必ず歪みが生じます。それに気づかずにいると、意思決定に齟齬をきたしたり誤解や事故が重なって、やがて会社が傾き、社長が退くという結果になってしまいます。そのサイクルを、世の中では企業30年説とか、会社の寿命とか呼ぶわけです。

恐らくそのあたりが、創業スタイルで会社を引っ張っていける期間であり、創業のビジネスモデルの財産が持ちこたえられる期間ということなのでしょうが、同時にまた、創業の精神を次の世代に伝えることがいかに難しいかを示しているといえそうです。

いずれにしても、企業は発展途上でリーダーシップのスタイルを変えなければならない時期が必ず訪れるため、そこでギアチェンジしなければ、つまり社長自身が変わることができなければ、会社は時代の波に淘汰されてしまいます。

◉人が居つかない会社社長の独特の人材観

もう一つの事例は、創業10年ほどのリフォーム会社で年商は50億円、現在も二ケタ成長している絶好調の会社です。お客さんの家を回り、飛び込みでリフォーム営業をしている会社ですが、業績は順調であるにもかかわらず、社長は「人が育たない」という悩みを持っています。

社長は高卒の叩き上げで、社長の言葉では「うちの社員はバカばかりだ」とのことです。人が育たない焦りの反映かどうかわかりませんが、いつも社長の横には東大卒の若い社長室長がいて、先ごろまで大手企業にいたという彼の年収は入社1年で約1800万円とのことです。

「人が育たない」と社長が嘆くように、実際、採用も多いが辞める人も異常に多い状態です。社長も正確な数は把握していないというほどで、調べてみると驚くなかれ、月に平均70人採用して、うち7割が3日で辞め、1ヶ月後に残っているのは3人、1年後にはわずか1人という数字です。年間の採用者は単純計算で840人という恐ろしい人数になります。

これだけの採用業務は自前ではできませんから、ある大手リクルート会社にアウトソーシングしているのですが、業務委託料だけでも相当な金額になります。年商50億円の会社としては異例の採用活動といえるでしょう。

ここまでくると人材育成とか教育のレベルではなく、何かが狂っているということになります。では、どこがおかしいのかと探っていくと、実はその社長には独特の人材観があって、「おれの好きなやつだけ残ればいい」という考えの持ち主であることがわかりました。

「社長の好きな人とは、どのような人ですか?」

と聞くと、「うーん、なかなかおらん」と言いながら、どうやら、ウルトラマンのような強い男が好み、とのこと。どんなにプレッシャーがあっても耐え、何と言われても耐えに耐えて、心底おれについてくるやつ、という社員を求めているようです。そんな人間だけが残ればいい、ついてくるやつだけが社員で、あとはまた採用すればいい、という考えでこれまでもずっとやってきて、それを信じて疑わない様子です。

企業というのは、ビジネスモデルが時流にはまれば、年商100億円ぐらいまではいけるものです。ところが、ずっとそれでやっていけるわけではなく、壁が待ち構えています。このリフォーム会社も、いま一つの壁にきていて、まだ頑張っている社員はいますが、恐らくこのままだと早晩おかしくなるはずです。

◉「恐怖心」だけではまともな人間はついてこない

リーダーシップにはいろんなパターンがありますが、経営者の中には社員は恐怖心で引っ張れると信じている人が少なからずいます。恐怖心で引っ張っても、まともな人間はついてこないという常識が理解できないのです。

社員は、絶対権力者がやはり怖いため、見ているところではそれなりに動きますが、見ていないところではまったく違う行動をし始めます。あるいは、何もない平常時や事業が順調なときはがまんしていますが、大きな変化が起こったり、外圧などで逆風が吹いたりすると、恐らくクモの子を散らすように去っていくことでしょう。ましてや、社内から変革を進めるといったパワーは生まれてきません。

このようなタイプの経営者は、人件費を完全なコストだと見てしまいがちです。したがって、給料は下げるもの、コストである人件費はできるだけ少ないほうがよいと考え、いかにして安くするかにばかり関心が向くことになります。

一方、社員への給与は将来への投資だと考える人もいます。会社の将来を彼らが支えて助けていくとなると、給料を上げていく中でやる気を引き出し、人を育てていくという発想になります。

また、何とか社員の能力を伸ばしてやりたい、年収も上げてやりたい、と考えて人材育成に腐心するトップも決して少なくありません。

トップのリーダーシップが根本的に狂っていたら、会社は致命的な打撃をこうむるのは当然です。とくに、人材に対するトップのスタンスとリーダーシップは、その正否が企業の精神系統を間違いなく左右することになります。

はっきりしていることは、人材に対する経営トップの考え方やリーダーシップのスタイルを、社員の側からは変えられないということです。現実問題としては、コンサルタントや顧問税理士など、社長の身近にいて経営的アドバイスができる一部の人間にその役割は限られるでしょう。

◉引き金を引くスーパーサポーターと2割の先導社員

紹介した二つの事例は実在の企業ですが、モデルとしてはかなり極端な例です。ただ共通していることは、トップ自身の人材に対するスタンスがズレていると何をやっても無意味だということです。

まず経営トップが、どうしたら社員が自立化できるかを自分自身の存在も含めて真摯に考えることです。そのうえで自ら先頭に立って、「自立化・活性化改革」の引き金を引くことが大事です。

１００人以下の中小企業においては、現場の実情をよく知る経営トップ自身が「スーパーサポーター」を兼ねるのがよいでしょう。間違いなく社員はそれを望んでいるはずだし、トップのやる気に社員は必ずついてくるはずです。

少し規模が大きくなると、あるいは１００人規模でも社長の性格や改革の実効性を高めようとすれば、経営トップ以外にもスーパーサポーター的存在が必要になります。そうしたスーパーサポーターを日常的にいかに育ててきているかが、企業の人材力として問われることになります。その人間が、現場で実際の改革の引き金を引く役割を担うことになるからです。

いうまでもなく、リーダーの立場にある人であれば、誰でもスーパーサポーターとして引き金を引いて人を動かせるというわけではありません。みんなを動かせるリーダーの資質というものがあります。

部下が次のような印象を受けるリーダーには、人はついていかないはずです。

Ａ　口先ばかりで、上の顔色ばかり窺っていると見られるタイプ
Ｂ　自分のやりたいことだけを、やりたいようにしかやらないタイプ
Ｃ　いままで何一つ最後までやり通したことがないタイプ

Ａのようなタイプは、まず人間として信用されないし、またＢリーダーのように自

分中心的なタイプは、仕事はできても、結局は自分のやりたいようにやって手柄だけ持っていくため敬遠されます。Cタイプも、何一つ最後までやり通したことがないから今回も最初だけだろう、きっと途中でポシャるだろうと見られて、号令をかけても人はついてきません。

リーダーは自分に確固とした信念があり、言動に責任を持てる人、上席者のほうを見て仕事をするのでなく、むしろ部下のほうに目線を向けて仕事をする人、自分の損得は二の次にして部下のことを考えられる人、困難があっても最後までやり通す精神的にタフな人——など、一言でいえば「信頼感のある人」でなければなりません。

では、そうしたリーダーの資質を持った人間＝スーパーサポーターが引き金を引きさえすればいいかというと、それだけでも足りません。

集団を動かすためには、リーダーが引き金を引いたときに、まず率先して動く人間が必要です。後ろ向きの人間ばかりのところでは、リーダーがいくら掛け声をかけても全体を前に進ませることはまず困難です。やはり、引き金を引いたリーダーとともに走り出す一定の先導部隊がどうしても必要になります。

この推進役としての先導集団は全体の2割で十分です。それが「2・6・2の法則」でいうところの、上の2割の元気社員です。

集団の改革は言葉だけでは進みません。この2割の人たちが目に見える行動をし、成果を出すことによって、全体の〝本気度〟が高まって、やがて全体が一つの臨界点に達するときがあります。それまで無関心だったり、努力をためらっていたような人たちも目を向け始め、「じゃあ、俺たちもやろうか……」と一歩踏み出してくる時期がやってきます。

そのとき初めて改革が軌道に乗り、会社全体が活性化に向けて明確に動き始めるというわけです。

つまり、1人の引き金を引くリーダー（スーパーサポーター）と、2割の元気社員が会社を変えるのです。

著者略歴

高嶋　栄（たかしま　さかえ）
株式会社　船井総合研究所　取締役専務執行役員
1957年生まれ。1980年、株式会社日本マーケティングセンター（現・株式会社船井総合研究所）入社。
船井総合研究所上席コンサルタントとして、中小企業から大企業、行政まで数多くの企業再生を手がける。また、コンサルタント約500名の総括責任者として経営コンサルタントの採用、育成にあたるとともに、「船井流短期人材育成法」、「船井流組織活性化法」の第一人者として企業の戦略立案から、個を活かす経営、および長所を伸ばす経営の現場での定着支援を精力的に行なっている。

「自立型社員」はこうつくる！

平成19年7月13日　初版発行

著　者　高嶋　栄
発行者　中島治久

発行所　同文舘出版株式会社
東京都千代田区神田神保町1-41　〒101-0051
電話　営業03(3294)1801　編集03(3294)1803
振替00100-8-42935　http://www.dobunkan.co.jp

ISBN978-4-495-57621-9
印刷／製本：壮光舎印刷　Printed in Japan 2007